Lern- und Übungsheft

Texte schreiben 7|8

Neue Ausgabe

Erarbeitet von

Veronika Ferus,
Annika Kusumi und
Ina Muñoz

Cornelsen

Textquellenverzeichnis

S. 8: Aus: Gabathuler, Alice: 50 Riesen. Thienemann Verlag, Stuttgart/Wien 2009, S. 5 ff.
S. 14 ff.: Aus: Levoy, Myron: Der gelbe Vogel. Übersetzt von Fred Schmitz. Deutscher Taschenbuch Verlag, München, 30. Aufl. 2011, S. 151 ff. © Benzinger Verlag, Zürich 1981
S. 26 f.: ebd., S. 137 ff.
S. 28 ff.: Rosenlöcher: Thomas: Der Mann, der ein Flusspferd war. Aus: Eines Tages. Geschichten von überallher. Gesammelt von Hans-Joachim Gelberg. Beltz Verlag, Weinheim/Basel/Berlin 2002, S. 229 ff.
S. 35 f.: Hohler, Franz: Der Verkäufer und der Elch. Aus: Franz Hohler und Nikolaus Heidelbach: Das große Buch. Geschichten für Kinder. Carl Hanser Verlag, München, 4. Aufl. 2009, S. 204 f. © Franz Hohler
S. 42: Hohler, Franz: Das Wunder im Schlachthof. ebd., S. 29 f.
S. 51 ff.: Aus: Levoy, Myron: Adam und Lisa. Übersetzt von Günther Ohnemus. Deutscher Taschenbuch Verlag; München, 17. Aufl. 2010, S. 7 ff. © Benzinger Verlag, Zürich 1981

Bildquellenverzeichnis

S. 7: picture-alliance/dpa, Frankfurt am Main
S. 14: Buchcover: Myron Levoy. Der gelbe Vogel. Übersetzt von Fred Schmitz. dtv pocket, München 2011
S. 51: Buchcover: Myron Levoy. Adam und Lisa. Übersetzt von Günther Ohnemus. dtv pocket, München 2010

Redaktion: Stefanie Schumacher, Mareike Zastrow
Bildrecherche: Angelika Wagener
Illustrationen: Susann Hesselbarth, Leipzig
Umschlaggestaltung: Cornelsen Verlag Design
Layout und technische Umsetzung: Wladimir Perlin, Berlin

www.cornelsen.de

1. Auflage, 6. Druck 2024

© 2011 Cornelsen Verlag, Berlin
© 2018 Cornelsen Verlag GmbH, Mecklenburgische Str. 53, 14197 Berlin, E-Mail: service@cornelsen.de

Druck: Drukarnia Dimograf Sp. z o.o., Bielsko-Biała

ISBN 978-3-464-60457-1

PEFC-zertifiziert
Dieses Produkt stammt aus nachhaltig bewirtschafteten Wäldern und kontrollierten Quellen
PEFC/32-31-076   www.pefc.pl

Inhalt

So arbeitest du mit dem Heft:

Strategien

Hier lernst du, wie du beim Schreiben von Texten vorgehst und welche Strategien dir beim Schreiben helfen.

Übungen

Hier kannst du selbstständig üben.

 → **Schritt 1** verweist dich auf die Schritte im Strategieteil.

Im Lösungsteil findest du Musterlösungen.

Teste dich!

Mit den Checklisten kannst du deine selbst geschriebenen Texte überprüfen.

Wiederholen und vertiefen

Hier kannst du weiterüben, wenn du **noch nicht so sicher** beim Schreiben deiner Texte bist.

Hier kannst du weiterüben, wenn du schon **sehr sicher** beim Schreiben deiner Texte bist.

Merkwissen im Überblick

findest du auf den Innenseiten des Umschlags.

Strategien

Schritt 1: Die Schreibaufgabe klären

Texte sind immer für Leserinnen und Leser gedacht und sollen ein bestimmtes Ziel erreichen. Daher ist es wichtig, dass du dir vor dem Schreiben Gedanken über die folgenden Punkte machst:

Adressaten: An wen richtet sich dein Text, z. B. an Eltern, Mitschüler, kleinere Kinder, Lehrer?

Thema: Worüber schreibst du?

Ziel: Was willst du mit deinem Text bewirken? Willst du informieren, unterhalten, zum Nachdenken oder zum Handeln auffordern?

Schreibform: Sollst du erzählen, beschreiben, protokollieren oder argumentieren?

Vorwissen der Adressaten: Was wissen die Leserinnen und Leser bereits über das Thema?

1 Lies die folgenden Schreibanlässe und bestimme die im Merkkasten genannten Punkte.

a) Sina beschreibt der Polizei eine vermisste Person.

Adressat: _____

Thema: _____

Ziel: _____ Schreibform: _____

Vorwissen des Adressaten: _____

b) Moritz schreibt das Protokoll zur Schülersprecherversammlung.

Adressaten: _____

Thema: _____

Ziel: _____ Schreibform: _____

Vorwissen der Adressaten: _____

c) Kai und seine Klasse möchten die Schulleitung dafür gewinnen, eine Halfpipe auf dem Schulhof zu installieren.

Adressat: _____

Thema: _____

Ziel: _____ Schreibform: _____

Vorwissen des Adressaten: _____

Schritt 2: Planen

Ideen und Informationen sammeln

> Für das Sammeln von Ideen und Informationen eignet sich z. B. eine **Mindmap**
> (engl. Gedanken-Landkarte).
> Mit einer Mindmap sammelst du Informationen und Ideen zu einem Thema in geordneter
> Form. Dabei musst du deine Stichpunkte in **Oberbegriffe** und **Unterpunkte** ordnen.

1 Ergänze die Mindmap zur Beschreibung von Homer Simpson.
Du kannst in deinem Heft auch eine Mindmap zu einer anderen Comic-Figur anlegen.

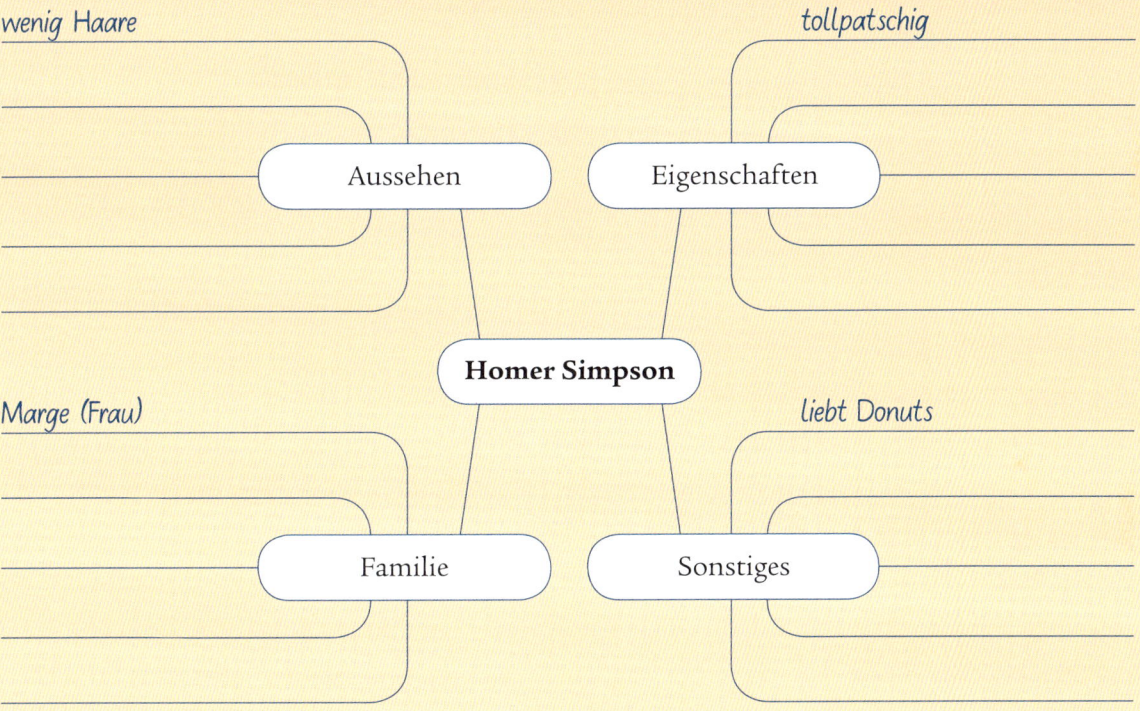

wenig Haare

tollpatschig

Aussehen

Eigenschaften

Homer Simpson

Marge (Frau)

liebt Donuts

Familie

Sonstiges

> Auch mit einer **Tabelle** kannst du Ideen und Informationen in übersichtlicher Form sammeln.
> Dabei musst du die Tabelle in sinnvolle **Zeilen** und **Spalten** einteilen.

2 a) Lege in deinem Heft eine Pro-Kontra-Tabelle zum Thema: „Sollte an unserer Schule eine
einheitliche Schulkleidung eingeführt werden?" an.

b) Sammle in der Tabelle Stichpunkte zum Thema.

Pro	Kontra
– betont Gemeinschaftsgefühl	– ...

> Manchmal benötigst du für deinen Text **Informationen aus einem anderen Text**,
> z. B. bei einer **Inhaltsangabe** oder bei der **Charakterisierung einer literarischen Figur**.
>
> Dabei kannst du so vorgehen:
>
> **1** Lies den Text und verschaffe dir einen **ersten Überblick**.
>
> **2** **Überlege, welche Informationen du brauchst**, und lies den Text noch einmal.
>
> **3** **Unterstreiche Textstellen und Wörter**, die du für deine Schreibaufgabe
>   (z. B. eine Inhaltsangabe oder eine Charakterisierung) brauchst.

3 a) Lies den folgenden Anfang des Jugendkrimis „50 Riesen".

b) Stell dir vor, du sollst eine Inhaltsangabe zu diesem Abschnitt schreiben.
Markiere die Informationen im Text, die du dafür benötigst. Unterstreiche

- die handelnden Figuren rot,   - Angaben zum Ort blau,

- Hinweise zur Zeit gelb,   - wichtige Handlungsschritte grün.

c) Schreibe zu jedem Absatz die wichtigen Handlungsschritte in Stichpunkten in dein Heft.

50 Riesen

Alice Gabathuler

„Da rüber?" Skinnys blasses Gesicht könnte locker einen Wettstreit mit dem Vollmond aufneh-
men, der sein Licht auf das Metall vor ihnen wirft. „Ist ein Spaziergang", behauptet Outlaw.
Er setzt seinen rechten Fuß auf die untere Strebe, hält sich an der oberen fest und beginnt, sich
gut vierzig Meter über dem Boden am Kranarm entlangzuhangeln.

5 Zodiac wischt mit dem Handrücken den Schweiß von der Stirn. Von unten hat die Sache
viel einfacher ausgesehen. „Na, dann mal los", murmelt er und folgt Outlaw, der die Hälfte
der Strecke schon hinter sich hat. [...] Er wagt einen Blick zurück. „Skinny? Alles okay bei dir?"
„Okay?" [...] „Aber sicher doch. Ich wollte mir schon immer mal den Hals brechen."
„Dazu musst du erst losgehen, du Pfeife!", ruft Outlaw. „Sehr witzig."

10 Der Kran ist eine kurzfristige Planänderung. Skinny war dafür gewesen, ein Fenster einzuschla-
gen und von innen her auf den Turm zu gelangen, doch Outlaw will zur Legende* werden. Jeder
Depp kann eine Scheibe einschlagen und eine Treppe hochgehen. Aber bei Vollmond einen
Kran erklimmen, über den Arm balancieren und sich dann auf das Dach abseilen: *Das* ist der
Stoff, aus dem Helden gemacht werden. [...] Der neue Betonbau im Steinbruch ist

15 weithin sichtbar, gut dreißig Meter hoch und eigentlich bestimmt zur
Kiesverwertung. Für die drei Kumpel auf dem Kran erfüllt er jedoch
einen ganz anderen Zweck. Er ist die perfekte Fläche für ihren *tag**,
den unverkennbaren Schriftzug der ZORROWS. Nicht unten,
sondern ganz zuoberst, gleich unter dem Dach.

* **Legende:** hier Berühmtheit   * **tag:** engl. für „Kennzeichen"

Informationen auswählen und ordnen

Bevor du deine gesammelten Informationen und Ideen in einem Text verwendest, musst du sie **bewerten** und **auswählen**. Denke dabei immer an deine **Adressaten**, das **Thema**, das **Ziel**, die **Schreibform** und das **Vorwissen deiner Adressaten**.

Markiere die Informationen so:

+	darf nicht fehlen
+/–	kann, muss aber nicht erwähnt werden
~~Wort~~	ist überflüssig oder falsch
$\sqrt{}^1$, $\sqrt{}^2$ ...	Informationen ergänzen

1 a) Lies die Stichpunkte zum Anfang des Jugendkrimis „50 Riesen" (↗ Seite 8).

b) Welche Stichpunkte benötigst du für eine Inhaltsangabe und welche nicht? Markiere die Stichpunkte wie im Merkkasten gezeigt.

c) Bringe die Stichpunkte in eine sinnvolle Reihenfolge, indem du sie nummerierst.

- Skinny ist blass wie Vollmond
- Skinny, Zodiac, Outlaw klettern nachts auf Kranarm
- Zodiac schwitzt
- Skinny ist ängstlich
- Outlaw bezeichnet Skinny als Pfeife
- Outlaw will zur Legende werden
- jeder kann Scheibe einschlagen
- wollen sich auf Dach eines Turms im Steinbruch abseilen
- Ziel: „tag" auf Turm sprayen!
- Schriftzug soll ganz oben unter Dach stehen

2 a) Lies die Stichpunkte zu einer Klassenbesprechung mit dem Thema „Klassenfahrt".

> Tagesordnungspunkte (TOPs):
>
> 1. Reiseangebot der Firma „Segeltraum"
>
> 2. Terminplanung
>
>   – Max: bestes Angebot Internet-Firma „Segeltraum": Segeln Ostsee, 5 Tage, 149 €
>
>   – Clara: plus Geld für Lebensmittel und Anreise nach Kiel!
>
>   – Max: müssen auf Schiff selber kochen
>
>   – Carl: kann nicht kochen!!!, Marie: Vegetarierin
>
>   – Max: Übernachtung in 2- bis 4-Bett-Kabinen
>
>   – Ranya, Sarah: Anbieter schon angerufen, 1. Aprilwoche zu diesem Preis möglich! :-)
>
>   – Max hat in der Woche Geburtstag! YIPPIE!!!
>
>   – Crew (Skipper und Matrose) im Preis enthalten

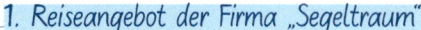

b) Markiere die Stichpunkte wie im Merkkasten (↗ Seite 9) gezeigt.

c) Ordne die Stichpunkte den zwei Tagesordnungspunkten (TOPs) zu:
Markiere wichtige Stichpunkte zu TOP 1 blau und zu TOP 2 grün.

d) Bringe die farbig markierten Stichpunkte in eine sinnvolle Reihenfolge, indem du sie nummerierst.

3 a) Stell dir vor, in eurer Klasse soll diskutiert werden, ob an eurer Schule im nächsten Schuljahr ein Versuch mit einheitlicher Schulkleidung gemacht werden soll.
Sieh dir noch einmal die Stichpunkte an, die du für und gegen diesen Versuch gesammelt hast (↗ Seite 7, Aufgabe 2).

b) Wähle drei Argumente für einheitliche Schulkleidung aus und drei dagegen.
Ordne sie mit Hilfe der folgenden Übersicht nach ihrer Wichtigkeit. Schreibe Stichpunkte.

pro	1.	weniger wichtig
	2.	⬇
	3.	sehr wichtig
kontra	1.	weniger wichtig
	2.	⬇
	3.	sehr wichtig

Schritt 3: Schreiben

Passende Wörter finden

Beim Schreiben eines Textes musst du immer an die **Adressaten**, die **Schreibform** und das **Schreibziel** denken, denn davon hängt neben dem Inhalt auch die **Wortwahl** deines Textes ab.

1 Welche Sprache passt zu welchen Schreibanlässen? Verbinde die Schreibanlässe in der linken Spalte mit den passenden sprachlichen Merkmalen in der rechten Spalte.

- Erzählung über ein Naturereignis

- Inhaltsangabe eines Buches

- Beschreibung eines verlorenen Gegenstands

- Tagebucheintrag

- Gefühlsschilderungen, auch Umgangssprache, Gedankensprünge

- sachlich, sehr genau, passende Adjektive

- anschauliche Formulierungen, vielfältige Sinneseindrücke

- sachlich, knapp, keine Ausschmückungen

2 Betrachte den Cluster. Welche Verben des Sagens eignen sich eher für eine Erzählung und welche eher für ein Protokoll? Markiere sie mit unterschiedlichen Farben.

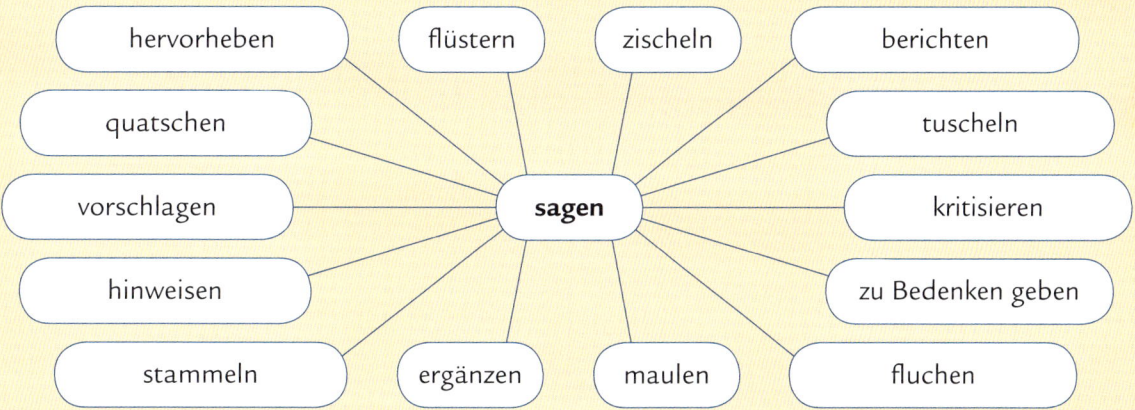

3 Formuliere die folgenden Aussagen so um, dass du die wörtliche Rede vermeidest. Fasse Aussagen zusammen und verwende passende Verben des Sagens aus dem Cluster.

A Max: „Das beste Angebot im Internet ist von der Firma ‚Segeltraum‘. Dort kosten fünf Tage auf der Ostsee nur 149 €. Die Crew ist sogar auch schon im Preis enthalten."

B Clara: „Zum Reisepreis kommt noch das Geld für Lebensmittel dazu. Und auch die Anreise nach Kiel müssen wir noch extra bezahlen."

C Ranya: „Wir haben den Anbieter schon angerufen. In der 1. Aprilwoche würde es noch klappen. Es wäre der gleiche Preis, den Max schon genannt hat."

Beispiel A: *Max berichtet von dem Angebot der Firma „Segeltraum" ...*

Gefühle ausdrücken

1 Welche Gefühle werden hier ausgedrückt? Schreibe die passenden Buchstaben in die Kästchen.

> A = Wut   B = Panik   C = Verzweiflung

☐ Mir ist, als würde ich in einer Sackgasse feststecken, ohne Möglichkeit zum Wenden. Es muss doch einen Ausweg geben!

☐ Ich fühle mich, als wären meine Füße einbetoniert. Die Gefahr kommt unaufhaltsam auf mich zu. Ich möchte fortlaufen, aber ich kann mich nicht vom Fleck rühren.

☐ Wenn ich daran denke, könnte ich in die Luft gehen! Ich sehe nur noch rot!

2 Wähle einen Schreibanlass aus und schreibe den Anfang eines Tagebucheintrags. Achte darauf, dass in deinen Formulierungen die Gefühle gut zum Ausdruck kommen.

Freude, Glück: Du bist mit dem Jungen/Mädchen deiner Träume zusammengekommen.

Wut: Du hattest Streit mit deinen Eltern und fühlst dich ungerecht behandelt.

Angst: Morgen ist Zeugnisausgabe. Du weißt, dass es diesmal nicht so gut für dich gelaufen ist, und machst dir Sorgen.

Inhalte verknüpfen

1 Besonders beim Argumentieren ist es wichtig, dass die einzelnen Sätze und Argumente sinnvoll verknüpft werden. Welche Formulierungen eignen sich wofür? Ordne zu.

	Hinzu kommt …
	Zunächst muss gesagt werden …
	Vor allem darf nicht vergessen werden …
Einleitung einer Argumentationskette	Ein wichtiger Aspekt (Vor-/Nachteil) ist …
Anknüpfung weiterer Argumente	Darüber hinaus ist zu berücksichtigen …
Die Argumentationskette abschließen	Ausschlaggebend ist wohl …
	Ferner spricht dafür/dagegen …
	Eine wichtige Rolle spielt …
	Ähnliches gilt auch …

2 Schreibe zu deinen Stichpunkten aus Aufgabe 3 (↗ Seite 10) eine Argumentationskette für und eine gegen einheitliche Schulkleidung.
Verwende geeignete Formulierungen aus Aufgabe 1 (rechte Spalte).

Schritt 4: Überarbeiten

Beim **Überarbeiten** eines Textes überprüfst du alle Punkte, die du auch beim Schreiben beachten sollst. Gehe dabei so vor:

1 Lies deinen Text noch einmal und prüfe den **Inhalt**. Markiere am Rand, wo Informationen fehlen und wo die Reihenfolge verändert werden muss.

2 Lies den Text ein zweites Mal und prüfe den **Ausdruck**. Unterringele unpassende Formulierungen und unnötige Wortwiederholungen.

3 Lies den Text ein drittes Mal und korrigiere **Grammatik** und **Rechtschreibung**.

1 a) Lies den folgenden Text zum Thema „Sollte an unserer Schule eine einheitliche Schulkleidung eingeführt werden?"
Die roten Lehreranmerkungen geben dir Hinweise für die Überarbeitung.

b) Überprüfe nun selbst den Text. Gehe dabei vor wie im Merkkasten beschrieben.

Achtung, Fehler!

Sollte an unserer Schule eine einheitliche Schulkleidung eingeführt werden?

Meine Antwort ist ein klares „Ja".

Für eine einheitliche Schulkleidung spricht, dass sie viel Zeit spart, weil man nicht jeden Morgen überlegen muss, was man anziehn soll. Dass wurde schon bei einem dreimonatigem Versuch mit einheitlicher Schulkleidung in der Klasse meiner Schwester deutlich.

Außerdem verbindet eine einheitliche Schulkleidung die Schüler einer Schule stärker miteinander, weil eine einheitliche Schulkleidung die Gemeinsamkeiten betont und nicht die Unterschide. Das wird vor allen in Ländern wie England deutlich, in den grundsäzlich eine einheitliche Schulkleidung getragen wird.

Außerdem verhindert eine einheitliche Schulkleidung, das die Schule zum Laufsteg für Markenklamotten wirt ...

Vermeide unnötige Wortwiederholungen. Achte vor allem auf eine sinnvolle Verknüpfung deiner Argumente. Außerdem enthält dein Text einige Rechtschreib- und Grammatikfehler.

2 a) Überarbeite den Text und schreibe ihn fehlerfrei und gut lesbar in dein Heft.

b) Vervollständige die letzte Argumentation mit einer Begründung und einem Beispiel.

Übungen

Erzählen: Tagebucheintrag einer literarischen Figur

Die Schreibaufgabe klären

Schritt 1 ←

1 In einem Tagebuch schildert man seine Gedanken und Gefühle zu Erlebnissen, die man bedeutsam findet. Du kannst auch einen Tagebucheintrag aus der Sicht einer literarischen Figur verfassen. Dies kann dir helfen, wichtige Textstellen besser zu verstehen.

Deine Aufgabe ist nun, zu einem Textausschnitt aus dem Jugendbuch „Der gelbe Vogel" einen Tagebucheintrag aus der Sicht der Hauptfigur Alan zu schreiben.

Ordne zunächst die folgenden Stichpunkte dem Adressaten, der Schreibform etc. zu.

> *der Schreibende selbst – sich mit einer Situation auseinandersetzen, Gefühle und*
> *Gedanken wiedergeben – Erzählen – ein Erlebnis / eine wichtige Situation*

Adressat: _____   Schreibform: _____

Thema: _____

Ziel: _____

2 Lies den Ausschnitt aus dem Jugendbuch „Der gelbe Vogel" von Myron Levoy.

New York gegen Ende des Zweiten Weltkriegs. Der Schüler Alan und sein bester Freund Shaun haben die-
selben Hobbys: Schlagballspielen und Modellflugzeuge. Doch dann lernt Alan die Schülerin Naomi kennen.
Sie ist mit ihrer Mutter aus Frankreich in die USA geflohen, denn sie musste mit ansehen, wie ihr Vater von
den Nazis erschlagen wurde. Seit diesem Ereignis steht sie unter Schock. Alan kümmert sich um das Mädchen
5 *und hat nun kaum mehr Zeit für Shaun. Aber er erzählt seinem Freund nichts von Naomi, da er denkt,*
dass Shaun ihn nicht verstehen würde. Ständig erfindet er neue Ausreden, warum er nicht mehr zum
Schlagballspielen kommt. Doch eines Tages sieht Shaun zufällig, wie Alan und Naomi zusammen mit einem
Modellflugzeug spielen. Die Freundschaft zwischen den beiden Jungen steht auf dem Prüfstand.

Montag früh wartete Alan vor dem Haus auf Shaun und hoffte, er könnte

10 auf dem Schulweg alles klären. Aber Shaun hatte offenbar das Haus sehr

zeitig verlassen, und zwar mit voller Absicht, denn er ging niemals zeitig

weg.

Alan machte sich also allein auf den Weg. [...]

Er fing an zu pfeifen. Er pfiff, um aller Welt zu zeigen, dass alles prima

15 wäre, dass es ihm Spaß machte, allein zur Schule zu gehen, dass ihm das

Wetter gefiel – und wenn Shaun nicht mitging, zum Teufel mit ihm.

Da sah Alan weiter vorn Shaun und Tony Ferrara. Worüber lächelten sie? Sprach Shaun über

ihn? *Alan Silverman spielt Flieger mit Mädchen, verstehst du das? Ein Schisser ist dieser Alan Silverman.*

Der spielt mit der Irren Ida. Hatte Tony sich nicht gerade nach ihm umgesehen? Worüber

20 redeten sie?

Alan drückte sich die Bücher in die Seite und beschleunigte seine Schritte, so gut er konnte.

So einfach kann Shaun sich das nicht machen; wenn er etwas zu sagen hat, dachte Alan,

dann bitte mir.

Auf der Höhe von Tony sagte Alan mürrisch: „Hallo!"

25 „Na, wie steht's?", murmelte Tony.

Shaun starrte Alan wütend an, sagte aber nichts.

„Prüfung in Geschichte", sagte Alan und sah dabei geradeaus.

„Brauchst du mir nicht zu sagen", meinte Tony.

Alan sprach weiter: „Wichtig ist nur, dass du weißt – die Pilger landeten am Fuß der Insel

30 Manhattan und nannten die Kolonie Jamestown zu Ehren der Königin Mary –"

„Was, zum Teufel, willst du hier?", bellte Shaun los. „Was willst du, Silverman?"

„Nichts."

„Dann lass mich in Frieden."

„Wollte nur kurz was sagen."

35 „Kurz was sagen? Dir müsste man die Fresse polieren."

Mit großen Schritten wandte sich Shaun wütend in eine andere

Richtung. Alan folgte ihm. Tony zuckte verwundert die Achseln

und ging allein weiter.

„Hör auf, mir nachzulaufen, Silverman! Hau ab!"

40 „Das ist doch zum Verrücktwerden, Shaun. Hör doch mal zu!

Nur eine Minute. Hör mir zu!"

Shaun blieb stehen. Er nahm seine Armbanduhr ab, starrte darauf

und sagte: „Also gut. Eine Minute."

„Na schön", sagte Alan, „ich werde mich beeilen. Die letzten Monate habe ich ihr

45 geholfen, sozusagen. Ich konnte es dir nicht sagen. Aber ich musste es machen.

Da war etwas an ihr, was nicht stimmte. Wegen Krieg. Wegen Hitler. Die Nazis

haben ihren Vater erschlagen. Vor ihren Augen. Er war ganz voller Blut. Er war in

der Widerstandsbewegung. Sie haben ihn totgeschlagen. Das war ein furcht-

barer Schock für sie, irgendwie. Sie brauchte einen, der sie wieder auf die

50 Beine stellte. Das war ich. Ich bin froh, dass ich's gemacht habe, Shaun.

Es ist ein tolles Mädchen. Du hättest Naomi gern. Bestimmt. Sie ist klasse.

Sie ist witzig und klug und alles. Und das war das, was ich immer „erledi-

gen" musste ... Du hörst ja nicht mal zu. Also gut, ich schulde dir zwei

Dollar. Die Wette habe ich verloren ... Also gut, die Minute ist um."

55 „Noch 18 Sekunden", sagte Shaun kalt und starrte auf seine Uhr.

„Warum hört mir Shaun ...

15

„Shaun, du kennst mich doch. Ich sag die Wahrheit. Mensch, wie gern spiel ich Schlagball. Ich wollte das nicht aufgeben. Aber irgendwie ging's hier beinahe um Leben und Tod. Weißt du, es war –"

„Die Minute ist um. So, Silverman, jetzt bekomme ich meine Minute. Und hör mir gut zu,
60 du Arschloch!"

„Shaun, ich –"

„Hör zu, Silverman! Du hast gerade behauptet, du sagst die Wahrheit. Aber du lügst –"

„Ich lüge nicht –"

„Halt's Maul! Du hast deine Minute gehabt. Jetzt hab ich meine. Draußen auf dem Flugplatz,
65 erinnerst du dich? Du hast gemeint, vielleicht spricht sie sogar gut Englisch. Und du hättest gehört, dass sie Naomi heißt. Was du zu erledigen hattest – ja, ja, ‚es hat mit der Familie zu tun'.
Du Lügner, du. Du hättest mir das alles schon damals erzählen können. Aber du hast gelogen."

„Du hast mich doch dauernd Schisser* genannt."

„Ich habe dich nie Schisser genannt."

70 „Aber du hättest es gesagt. Dauernd hast du dich lustig gemacht über Spiele mit Mädchen.
Und du hast doch Schisser gesagt – gestern, mitten auf der Straße, vor allen Leuten."

„War kein Mensch da. Außerdem war ich sauer."

„Und ‚Irre Ida' hast du sie genannt."

„Das war nur Spaß. Hat doch so ausgesehen, als ob sie spinnt. Hättest mir ja sagen können,
75 dass es nicht stimmt. Aber nein. Stattdessen lügst du mich an."

„Ich habe nicht gelogen. Ich habe nur ... Ach, ich weiß nicht."

„Du hast mir nicht vertraut. Ich bin dein Schlagball-Kumpel. Stimmt's? Dein Flugzeug-
Kumpel. Aber dein Freund – bin ich nicht."

Wie ein Blitz durchzuckte Alan die schmerzhafte Erkenntnis, dass Shaun recht hatte. Er hatte
80 ihm tatsächlich nicht vertraut. Er hatte gelogen. Er hatte nicht darauf vertraut, dass Shaun alles
verstehen würde [...]. Alan kämpfte gegen Tränen an. Er durfte nicht weinen! ... Oder vertraute
er Shaun immer noch nicht?

„Shaun ... ich –" Alan schluckte. „Das war falsch. Ich hab's ganz falsch gemacht. Es ... tut mir
leid ..."

85 „Mir nicht. Bin jedenfalls saufroh, dass ich jetzt Bescheid weiß.
Ich hab dir ja gesagt, ich mache, was ich will ... Hör zu, ich
lasse dich in Ruhe, Silverman. Ich bin dir nicht im Weg.
Klar? Aber bleib mir vom Leib, bleib mir bloß vom
Leib. Wenn du Schlagball spielen willst – prima;
90 geh zur andern Mannschaft, ich lasse dich in Frieden.
Wenn du Flieger spielen willst – bitte, mit ihr. Und
keine Sorge. Ich habe sie niemals ‚Irre Ida' genannt.
Außer einmal vor dir. Nur vor dir. Weil ich mal geglaubt
habe, das wäre ... Dass ich bei dir alles sagen könnte ..."

* **der Schisser:** (umgsprl.) Feigling, Angsthase

16

95 Alan sah, dass Shaun sich zusammenriss, um nicht zu heulen. „Ich
hab dir immer alles gesagt, weil wir – na ja, fast wie Brüder waren
wir. Das war mein Fehler. Na schön. Also, du gehst mir aus
dem Weg und ich gehe dir aus dem Weg. [...] Mach's gut,
Silverman."

100 Shaun drehte sich auf dem Absatz um und stapfte in
Richtung Schule. Alan stand wie versteinert und wünschte, er
könnte mit irgendeinem Zauber alles wieder gut machen.
Es war dann nicht mehr sein dampfender Atem, es waren Tränen,
die die Welt vor seinen Augen verschwimmen ließen.

Den Tagebucheintrag planen

1 a) Um einen Tagebucheintrag aus Alans Sicht zu schreiben, musst du dich in ihn hineinversetzen.
Lies noch einmal die blau markierten Textstellen.

→ **Schritt 2**

b) Was könnte Alan in diesen Situationen durch den Kopf gegangen sein?
Schreibe mögliche Gedanken in Stichpunkten in die Denkblasen.

2 Der Tagebucheintrag muss genau zur Handlung passen. Bringe zunächst die folgenden
Handlungsschritte durch Nummerierung in die richtige Reihenfolge.

☐	Shaun geht ohne Alan zur Schule los, weil er nichts mehr mit ihm zu tun haben möchte.
1	Alan hat Naomi geholfen, ihren Schock zu überwinden. Dafür hat er seinen Freund Shaun beim Schlagballspielen oft allein gelassen und ihm nicht die Wahrheit gesagt.
2	Shaun hat Alan und Naomi zusammen auf der Straße gesehen.
☐	Alan verlangt ein klärendes Gespräch, Shaun gibt ihm eine Minute zum Reden.
☐	Shaun lässt Alan alleine stehen und geht zur Schule, Alan bleibt traurig zurück.
☐	Shaun möchte, dass er und Alan sich in Zukunft aus dem Weg gehen.
☐	Alan versucht, seinem Freund die Sache mit Naomi zu erklären.
☐	Shaun macht Alan Vorwürfe, weil dieser ihn angelogen hat, statt ihm zu vertrauen.
☐	Alan entschuldigt sich bei seinem Freund.

3 Untersuche genauer, wie die Gefühle und Gedanken der Figuren mit der Handlung zusammenhängen.

a) Markiere alle Stellen im Text, an denen deutlich wird, wie Alan sich fühlt.

b) Welche der folgenden Aussagen treffen zu, welche nicht?
Kreuze an und nenne die Textstelle (Zeilenangabe), die das beweist.

		trifft zu	trifft nicht zu	Textstelle
1	Am Anfang hat Alan sehr gute Laune und es ist ihm egal, was Shaun über ihn denkt.		X	*Zeile 9 ff.*
2	Shaun beleidigt Alan ständig, weil er wütend auf ihn ist.			
3	Alan bereut, dass er Naomi geholfen hat.			
4	Shaun ist verletzt, weil Alan mit Mädchen spielt.			
5	Shaun ist verletzt, weil Alan ihn angelogen hat.			
6	Alan hat Shaun nicht die Wahrheit gesagt, weil er ihm nicht vertraut hat und Angst hatte, schlecht vor ihm dazustehen.			
7	Shaun lässt sich seine Gefühle nicht anmerken; im Gegensatz zu Alan weint er nicht.			

c) Schreibe die Aussagen, die nicht zutreffen, korrigiert auf.

Den Tagebucheintrag verfassen

Sprachliche Besonderheiten beachten

1 Ein Tagebucheintrag hat besondere sprachliche Merkmale.

→ **Schritt 3**

Untersuche den kurzen Tagebuchauszug, der aus Shauns Sicht geschrieben wurde.
Suche je ein Beispiel für die folgenden sprachlichen Merkmale und unterstreiche sie
wie angegeben:

- ▢ emotionale Ausdrücke (Gefühle werden ausgedrückt)
- ▢ Umgangssprache
- ▢ Gedankensprünge
- ▢ offene Fragen

> *Ich bin wütend auf Alan, furchtbar wütend. Was bildet er sich eigentlich ein? Auf dem Schulweg hat*
>
> *er mich zur Rede gestellt. So ein blöder Idiot! Na, jedenfalls lief er auf dem Schulweg*
>
> *plötzlich hinter mir und Tony her und wollte reden ...*

Die Sprache in einem Tagebucheintrag

Ein Tagebucheintrag steht in der **Ich-Form**.

Die Sprache ist meist nicht sachlich, sondern es werden **Gefühle und Gedanken** ausgedrückt.
Man kann **emotionale Ausdrücke** (z. B. „Ich bin sehr traurig.“), **offene Fragen** („Was will
er bloß?“) und **Umgangssprache** (z. B. „So ein Mist!“) verwenden sowie **Gedankensprünge**
machen.

Den Anfang schreiben

2 Lies die drei Beispiele A–C für den Anfang eines Tagebucheintrags aus Alans Sicht.

Liebes Tagebuch, ...

A ich fühle mich furchtbar. Ich kann nicht glauben, in was für einem Alptraum ich mich gerade befinde. Ich wünschte, ich würde einfach aufwachen und alles wäre wie früher ... Vorhin auf dem Schulweg habe ich Shaun angesprochen ...

B Shaun war offenbar sehr wütend darüber, dass er mich mit Naomi gesehen hat, denn heute Morgen ist er ohne mich zur Schule gegangen. Ich habe ja versucht, mich davon nicht beeindrucken zu lassen. Als ich ihn aber mit Tony zusammen gesehen habe, hat es mir doch irgendwie wehgetan ...

C ich glaube, die Freundschaft mit Shaun kann ich vergessen. Ich habe alles kaputt gemacht, weil ich ihm nicht genug vertraut habe. Meine Hoffnung, dass sich alles wieder einrenken lässt, ist heute früh zerstört worden. Shaun ist ohne mich losgegangen, doch ich ...

3 Welche der folgenden Beschreibungen passt zu welchem Textanfang aus Aufgabe 2 (⬈ Seite 19)? Trage A, B oder C in die Kästchen ein.

☐ Man kann mit dem Anfang des Geschehens beginnen.

☐ Man kann mit der Schlussfolgerung beginnen, die man aus dem Geschehenen zieht.

☐ Man kann zuerst schreiben, wie man sich gerade fühlt.

4 Schreibe nun selbst den Anfang eines Tagebucheintrags aus Alans Sicht.
Stell dir vor, nach dem Gespräch mit Shaun bist du sehr aufgewühlt und dir geht vieles durch den Kopf. Weil du niemanden zum Reden hast, schreibst du in dein Tagebuch.

Den Hauptteil schreiben

5 Im Hauptteil erzählst du, was genau passiert ist. Du beschreibst, wie du dich in den einzelnen Situationen gefühlt hast und welche Gedanken dir jetzt dazu durch den Kopf gehen.

Verbinde die Handlungsschritte in der linken Spalte mit passenden Gefühlsschilderungen aus der rechten Spalte.

Alans Schilderung der Handlung	Gedanken/Gefühle
Ich habe nicht locker gelassen, auch als Shaun mich beschimpft hat und mich wegschicken wollte.	Ich habe ihn also völlig falsch eingeschätzt. Die ganze Zeit hatte ich Angst, dass er mich nicht mehr mag, wenn er merkt, dass ich mit einem Mädchen spiele. Ich bin ein feiner Freund!
Shaun meinte, ich hätte ihm gleich alles sagen können. Er ist schrecklich enttäuscht von mir, weil ich ihn angelogen habe. Gegen Naomi hat er gar nichts.	Doch im gleichen Moment wusste ich, dass es dafür zu spät war. Wieso hab ich bloß nicht schon vorher mal meinen Mund aufgemacht?
Ich habe mich dann bei Shaun entschuldigt.	Diese Situation konnte ich einfach nicht auf sich beruhen lassen. Ich wollte unbedingt mit Shaun darüber reden und versuchen, ihm alles zu erklären. Er ist schließlich mein bester Freund!

6 Überlege selbst, was Alan in den folgenden Situationen wohl denkt und fühlt.
Schreibe jeweils ein bis zwei Sätze aus der Sicht von Alan.

Shaun hat meine Entschuldigung nicht angenommen. Er hat von mir verlangt, dass wir uns voneinander

fernhalten.

_____

_____

Schließlich habe ich wie der letzte Depp auf der Straße gestanden und geheult.

_____

_____

_____

_____

> **Inhalt eines Tagebucheintrags**
>
> In einem Tagebucheintrag soll deutlich werden, **was passiert ist** und welche **Gefühle und Gedanken** der Tagebuchschreiber dabei hatte.
> Gib die **wichtigsten Handlungsschritte** und eine **Bewertung** aus Sicht der Figur wieder.

7 Schreibe nun den kompletten Hauptteil des Tagebucheintrags in dein Heft.
Du kannst die Formulierungen am Rand als Hilfe nutzen. Schreibe weiterhin in der Ich-Form.

Den Schluss schreiben

8 Shaun hat von dir (Alan) verlangt, dass ihr euch aus dem Weg gehen sollt.
Bist du mit Shauns „Lösung" zufrieden? Was denkst du darüber?

Schreibe als Schluss deines Tagebucheintrags deine Überlegungen auf, wie es mit eurer Freundschaft weitergehen könnte.

- Ich habe mich so elend gefühlt, denn …
- Hätte ich bloß …!
- Wahrscheinlich hat er gedacht, …
- Vielleicht hätte ich …?
- Ob er …?
- Es kann doch nicht sein, dass …!

Den Tagebucheintrag überarbeiten

1 a) Überprüfe deinen Tagebucheintrag mit Hilfe der Checkliste auf ↗ Seite 24 f.
Nimm dir viel Zeit dafür und konzentriere dich jeweils nur auf ein oder zwei Kriterien.

→ **Schritt 4**

b) Markiere die Stellen im Text, die du verändern oder verbessern willst.

2 Überarbeite deinen Text und schreibe ihn vollständig und sauber in dein Heft.

Erzählen: Brief einer literarischen Figur

Die Schreibaufgabe klären

Schritt 1 ←

1 Stell dir vor, du bist Alan. Nachdem du nochmal in Ruhe nachgedacht hast, beschließt du, einen Brief an Shaun zu schreiben. Du willst ihn bitten, eurer Freundschaft doch noch eine Chance zu geben. Um ihn zu überzeugen, schreibst du Shaun, wie du dich nach dem Gespräch auf dem Schulweg gefühlt hast und was dir seitdem durch den Kopf gegangen ist.

2 Lies die Schreibaufgabe und mach Notizen zu den folgenden Punkten:

Adressat: _____ Schreibform: _____

Thema: _____

Ziel: _____

Vorwissen des Adressaten: _____

Den Aufbau des Briefes planen

Schritt 2 ←

> **Persönliche Briefe schreiben**
>
> Ein persönlicher (informeller) Brief enthält **keinen Briefkopf**, aber eine **Grußformel** (z. B. *Liebe/r ...*) und eine **Abschiedsformel** (z. B. *Viele Grüße*).
> Da du **an eine bestimmte Person schreibst**, solltest du sie im Brief auch direkt **anreden**.
> Schreibe in der **Ich-Form**.

1 Bringe die folgenden Teile eines Briefes in eine sinnvolle Reihenfolge, indem du sie nummerierst:

☐ Abschiedsformel

☐ Grußformel

☐ ausführliche Darlegung des Anliegens (Was willst du?)

☐ Zusammenfassung, Wiederholung

☐ Anlass des Briefes (Warum schreibst du den Brief?)

2 An welche Stelle eines Briefes passen folgende Formulierungen?
Trage die Nummern der entsprechenden Teile aus Aufgabe 2 (↗ Seite 23) ein.

☐   Ich hoffe, dass du nun weißt, wie leid mir alles tut. Wenn dir unsere Freundschaft auch etwas bedeutet, dann kannst du mir vielleicht doch irgendwann verzeihen.

☐   Lieber Shaun,

☐   ich schreibe dir diesen Brief, weil ...

☐   Wahrscheinlich hättest du Naomi genauso gerne wie ich. Vielleicht könnten wir ...
Unsere Freundschaft ist mir so wichtig, dass ich sie nicht einfach so aufgeben kann.
Deswegen ...

☐   Viele Grüße
dein Alan

☐   Erst bei unserem Gespräch habe ich begriffen, dass ...

Den Brief schreiben und überarbeiten

1 Schreibe den Brief an Shaun.   → **Schritt 3**

⊙   Versetze dich in die Lage von Alan und verwende die Ich-Perspektive.
     Tipp: Lies noch einmal deine Ergebnisse aus Aufgabe 3 auf ↗ Seite 18.

⊙   Achte auf den Aufbau des Briefes. Versuche, im Hauptteil möglichst ausführlich deinen Standpunkt zu begründen und Shaun davon zu überzeugen, eure Freundschaft doch nicht aufzugeben. Achte auch auf Ausdruck, Satzbau und Rechtschreibung.

2 a) Überprüfe deinen Brief mit Hilfe der Checkliste auf ↗ Seite 24 f.   → **Schritt 4**
Nimm dir Zeit dafür und konzentriere dich jeweils nur auf einen oder zwei Punkte.

b) Markiere die Stellen im Text, die du verändern oder verbessern willst.

3 Schreibe den überarbeiteten Text vollständig und sauber in dein Heft.

Teste dich!

Checkliste: Tagebucheinträge/Briefe einer literarischen Figur

Mit der Checkliste kannst du deine Texte selbst überprüfen.
Für jeden Text hast du eine Spalte.

Verwende folgende Markierungen:

++   Hier erfüllt dein Text die Anforderungen voll.

+   Hier erfüllt dein Text die Anforderungen mit geringen Fehlern.

+/–   Hier finden sich einige Fehler. Du solltest in Zukunft noch genauer auf diesen Punkt achten.

–   Hier finden sich noch viele Fehler. Du musst unbedingt noch üben.

	Text 1	Text 2	Text 3	Text 4
Aufbau				
Überschrift, Einleitung, Hauptteil und **Schluss** sind vorhanden.				
Der Aufbau wird durch **Absätze** verdeutlicht.				
Brief: ⊙ Grußformel				
⊙ Anlass und Ziel des Briefes				
⊙ Darlegung des Anliegens				
⊙ Zusammenfassung/Wiederholung				
⊙ Abschiedsformel				
Inhalt				
Die wichtigen **Handlungsschritte** werden in einer sinnvollen Reihenfolge beschrieben.				
Gedanken und Gefühle der Figur werden **passend zur Handlung** geäußert.				
Die **Sicht der Figur**, in die du dich hineinversetzt hast, wird **nachvollziehbar** dargestellt.				

	Text 1	Text 2	Text 3	Text 4
Ausdruck				
Die **Ich-Perspektive** ist durchgehend eingehalten.				
Die **Wortwahl** passt zum Schreibanlass und zur Figur, in die du dich hineinversetzt hast.				
Die Wortwahl ist passend und abwechslungsreich. **Unnötige Wortwiederholungen** werden vermieden.				
Die **Sätze** sind korrekt und vollständig.				
Die **Satzanfänge** sind abwechslungsreich.				
Rechtschreibung/Grammatik				
Die Regeln der **Groß- und Kleinschreibung** werden beachtet.				
Die Regeln der **Getrennt- und Zusammenschreibung** werden beachtet.				
Sonstige Regeln der **Rechtschreibung** werden eingehalten: ● Schreibung von langen Vokalen und nach kurz gesprochenen Vokalen, ● Schreibung von Zeitangaben, ● Schreibung von festen Wendungen.				
Die **Satzschlusszeichen** (. / ? / !) sind richtig gesetzt.				
Die **Kommaregeln** werden beachtet: ● Komma bei Aufzählungen, ● Komma zwischen Haupt- und Nebensätzen.				
Äußere Form				
Die **Handschrift** ist gut lesbar.				
Korrekturen im Text sind sauber ausgeführt.				
Der **Rand** wird eingehalten.				

Wiederholen und vertiefen

Einen Brief schreiben

1 Stell dir vor, Shaun schreibt Alan zurück, nachdem er dessen Brief gelesen hat. Schreibe diesen Brief in der Ich-Form aus der Sicht von **Shaun**:

○ Markiere im Text auf ↗ Seite 14–17 alle Stellen, an denen du etwas über Shaun erfährst. Mach dir Notizen zu seinen möglichen Gedanken und Gefühlen.

○ Achte auf den Aufbau des Briefes: Grußformel – Hauptteil – Abschiedsformel.

○ Schreibe den Brief. Nimm am Anfang Bezug auf einen Brief, den Alan dir geschrieben hat, z. B.
Ich habe deinen Brief gelesen und möchte dir darauf antworten.

○ Erkläre und begründe:
Was bedeutet dir Alan, was hat dich an seinem Verhalten verletzt?
Gibst du eurer Freundschaft noch eine Chance oder ist es dafür zu spät?

> ○ Irgendwie bin ich froh, dass du …
> ○ Nach dem Gespräch neulich auf dem Schulweg habe ich gedacht, …
> ○ Es hat mich einfach unglaublich verletzt, dass …
> ○ Du kannst doch nicht wirklich geglaubt haben, dass …
> ○ Vielleicht sehe ich das falsch, aber Freundschaft bedeutet für mich …

2 Überprüfe deinen Brief mit Hilfe der Checkliste auf ↗ Seite 24 f. und überarbeite ihn.

Einen Tagebucheintrag schreiben

1 a) Lies den Textausschnitt aus dem Buch „Der gelbe Vogel" von Myron Levoy. Unterstreiche Textstellen, an denen deutlich wird, wie **Naomi** sich fühlt.

Alan macht mit Naomi einen Ausflug zu einem stillgelegten Flugfeld. Auf dem Hinweg wirkt sie noch verängstigt und hält sich immer dicht hinter Alan, nach und nach entspannt sie sich aber.

Dann lief Alan mit Naomi auf das weite, offene Feld hinaus. „Alan.
Es ist magnifique*. So weit. So viel Himmel über uns." „Wettlauf,
5   Naomi!", rief Alan. „Komm, bis zur Mitte vom Feld."
Sie lassen Alans Modell-Flugzeug, die Piper, fliegen.
Die Piper flog in weitem Bogen hoch, genau in die Sonne. Naomi folgte ihr und lief die Lande-
bahn entlang. Sie rief hinauf. „Ho, gelber Vogel! Warte auf mich! Ho, oiseau jaune*!" [...] Sie
rannte über das Feld, rufend und springend, fast tanzte sie unter dem kreisenden Flugzeug. [...]
10   „Du machst mir Schwindel, verrücktes Flugzeug. Ho, komm zurück!", rief Naomi. Als das Flugzeug zur Landung ansetzte, winkte sie aufgeregt mit den Armen und schrie: „Ho, oiseau jaune.
Je suis ici. Ich bin hier." Das Flugzeug setzte im Gras auf. Naomi raste dorthin und war noch
vor Alan dort. [...] *Naomi beginnt, Alan zu erzählen, wie die Nazis in ihre Wohnung einbrachen und ihren
Vater erschlugen, weil er bei der französischen Widerstandsbewegung tätig war. Naomi wirkt immer noch*
15   *wie unter Schock.*

---

* **magnifique:** (franz.) großartig   * **oiseau jaune:** (franz.) gelber Vogel

Alan legte seine Hand auf ihre Schulter, dann auf ihren Kopf, sanft wie

sein Rabbi*, als der ihm den Segen erteilte. [...]

„Du bist ... du bist in Sicherheit, Naomi. O. K.? Du bist hier sicher.

Niemand wird dir etwas tun. Ich lass es auch nicht zu. O. K., Naomi? ... O. K.?"

20 „Ukay."

„Wenn du willst, kommst du einfach zu mir. Auf der Straße oder sonst wo.

Wenn jemand pampig wird. Oder wenn du nur reden willst. Oder überhaupt. O. K.?"

„Ukay."

„Hab keine Angst mehr, Naomi. O. K.?"

25 „Ukay." [...]

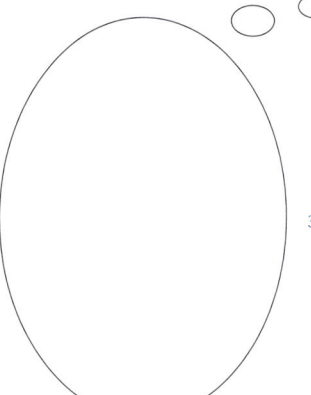

Alan nahm ihre Hand und hielt sie fest, als sie die Straße überquerten

[...] und fing an, ihre Hand nach vorn und hinten hochzuschwingen,

immer höher und höher. Naomi musste lächeln. [...]

Naomi lachte und rief. „*Arrête!** Du bist verrückt, Alan! Hilfe!"

30 Jetzt fühlte sie sich wohler, sie war sie selbst, sie war Naomi.

Und beide waren sie in Queens, New York City. Keine Nazis weit

und breit.

Auf dem Heimweg begegnen sie Shaun. Es kommt zu einem kurzen,

angespannten Wortwechsel zwischen Alan und Shaun.

35 „Alan, bitte. Bist du böse mit ihm?", fragte Naomi.

„Ja."

„Was hat er gemacht?" „Er hat Schisser gerufen."

„Was ist Schisser? Wie Feigling?" „Kann's nicht erklären."

„Du bist böse mit mir auch?" „Aber Naomi. Natürlich nicht."

40 Alan holte tief Luft und zwang sich, langsam zu sprechen. „Ich bin nicht

böse auf dich, Naomi. Ich hab halt meine Probleme, so wie jeder welche hat. Also mach dir keine

Sorgen. Klar?" „Es tut mit so leid ..."

Sie waren bei den „Eichenterrassen" angekommen. Alan stieß die Haustür auf und ging finster

und schweigend mit Naomi über den Vorplatz.

b) Notiere in die Denkblasen Naomis mögliche Gedanken zu den jeweiligen Situationen.

c) Was passiert im Text? Schreibe die Handlungsschritte in Stichpunkten auf.

d) Formuliere einen Tagebucheintrag aus der Sicht von Naomi. Es soll darin deutlich werden,
was in dem Textausschnitt passiert und wie sich Naomis Gefühle verändern.

2 Überprüfe deinen Text mit der Checkliste auf ↗ Seite 24 f. und überarbeite ihn, falls notwendig.

* **der Rabbi (Kurzform für Rabbiner):** jüdischer Geistlicher   * **Arrête!:** (franz.) Halt an!

Übungen

Inhaltsangabe:
Der Mann, der ein Flusspferd war

Die Schreibaufgabe klären

Schritt 1 ←

1 Deine Klasse bereitet einen Lesenachmittag in einer Grundschule vor. Ihr habt Texte gesucht, die ihr Schülerinnen und Schülern einer vierten Klasse vorlesen könnt.
Du sollst den Inhalt der Geschichte „Der Mann, der ein Flusspferd war" kurz deiner Klasse vorstellen und deine Meinung dazu äußern, ob sie für den Lesenachmittag geeignet ist.

Lies die Schreibaufgabe und mach Notizen zu den folgenden Punkten:

Adressat: _____   Schreibform: _____

Thema: _____

Ziel: _____

2 Lies die Geschichte und notiere im Heft deinen ersten Eindruck.

Der Mann, der ein Flusspferd war

von Thomas Rosenlöcher

Es war einmal ein ganz schön dicker Mann. Der sagte sich eines Tages: „Ich habe einhundert Bücher und alle schon gelesen. Vielleicht kaufe ich mir noch ein Buch." Er ging in einen Laden und kaufte sich noch ein Buch. In dem Buch war gleich auf der ersten Seite ein Bild und unter dem Bild stand geschrieben: *Das ist das Flusspferd.*

5 „Schön", dachte der Mann, „das ist das Flusspferd und ich bin der Mensch. Ich gehe jeden Tag arbeiten und habe eine sehr befriedigende Arbeit, aber das Flusspferd liegt jeden Tag im Fluss. Vielleicht hat das Flusspferd Lust, Mensch zu sein. Ich, der Mensch, habe Lust, Flusspferd zu sein." Da der Mann in seiner Wohnung keinen Fluss hatte, ließ er die Badewanne voll Wasser, bis nur noch der Kopf herausschaute.

10 Dann nahm er das Buch, blätterte die nächste Seite um und las:

Das Flusspferd wird auf Griechisch Hippopotamus genannt.

„Donnerwetter", dachte der Mann. „Noch einen Namen habe ich, das Flusspferd: Hippopotamus! Wie stolz das klingt. Früher hieß ich bloß Meier. Es wird Zeit, dass ich mich den Leuten zeige."

15 Darauf stieg der Mann aus der Wanne, die sowieso höchst ungeeignet für ein Flusspferd war, zog seinen besten Anzug an, setzte den Hut auf und ging los. Die Straße herauf kam Frau Müller. Der Mann lüftete den Hut und sagte: „Guten Tag, Frau Müller."

„Guten Tag, Herr Meier", sagte Frau Müller.

„Hippopotamus", sagte der Mann.

20 „Sie haben Recht, ein schlimmes Wetter heute", sagte Frau Müller und ging.

Randspalte:

- Ich finde ..., weil ...
- Mir hat (nicht) gefallen, dass ...
- Ich habe nicht verstanden, warum ...
- Besonders toll finde ich ...

„Sie will nicht sehen, dass ich das Flusspferd bin", dachte der Mann, kniff die Augen zusammen, plusterte die Backen auf und trampelte: „Jetzt bin ich aber wirklich das Flusspferd. Und Hunger habe ich auch."

So kam er zu einem Laden, in dem es große Mengen Käse und Waschpulver gab. Was aber
25 mochte so ein Flusspferd fressen? Er nahm das Buch aus der Tasche, schlug die nächste Seite auf und las: *Das Flusspferd frisst sehr große Mengen Kraut, Gras, Blätter oder Wurzeln.*

„Liebe Frau", sagte der Mann. „Ich möchte sehr große Mengen Kraut, Gras, Blätter oder Wurzeln."

„Sie Schelm", sagte die Verkäuferin und legte einen Strauß Petersilie auf die Ladentafel.
30 Der Mann, der ein Flusspferd war, steckte es in den Mund. Es schmeckte.

„Erst bezahlen", rief die Verkäuferin.

„Ich nehme hundert Stück", sagte der Mann.

Die hundert Strauß Petersilie stopfte er in sämtliche Taschen und schritt davon.

„Man will noch immer nicht einsehen, dass ich das Flusspferd bin", dachte er, nahm das Buch
35 heraus und schlug die nächste Seite auf:

Sein Gesang ist ein tiefes Grunzen und ein gelegentliches weithin schallendes Brüllen.

„Aha", dachte der Mann. „Das Flusspferd ist auch Künstler."

So begab er sich zum Opernhaus. „Bitte lassen Sie mich auf die Bühne", sagte er zum Kassenfräulein. „Ich bin Künstler."
40 „Das behauptet jeder", antwortete das Kassenfräulein.

„Ich kann aber singen", sagte der Mann. „Es handelt sich um ein tiefes Grunzen und ein gelegentliches weithin schallendes Brüllen."

„Machen Sie das in der Badewanne", sagte das Kassenfräulein, aber da war der Mann ja schon gewesen, und so blieb ihm nichts anderes übrig, als sich eine Eintrittskarte zu kaufen.
45 Er setzte sich in die erste Reihe. Weil die Oper noch nicht angefangen hatte, nahm er ein Sträußchen Petersilie, aß und grunzte tief.

„Ruhe", rief es, denn die Kapelle spielte schon. Jemand schwenkte ununterbrochen die Arme; das war der Kapellmeister. Endlich öffnete sich der Vorhang. Auf der Bühne, die sehr fremdländisch aussah, stand ein dicker Mensch und brüllte weithin schallend.
50 Er hat die Rolle des Flusspferds übernommen, dachte der Mann und begann ebenfalls weithin schallend zu brüllen. Es gelang ihm so wundervoll, dass die Leute nur noch ihm zuhörten. Auch der Kapellmeister drehte sich vom Orchester weg in den Zuschauerraum und fuchtelte wild in der Luft herum.

„Jetzt dirigiert er mich", dachte der Mann und
55 brüllte noch weithin schallender, sodass der Sänger auf der Bühne verstummte.

„Er sieht ein, dass ich es besser kann", dachte der Mann.

Der Vorhang fiel und der Operndirektor persönlich erschien.

„Was grölen Sie hier herum, Sie Flusspferd", rief er.

60 „Endlich erkennt mich einer", dachte der Mann.

„Verlassen Sie unser Haus", rief der Operndirektor. „Dies ist eine Oper von Richard Wagner*."

So musste der Mann, der ein Flusspferd war, das Opernhaus verlassen. Gern hätte er geweint,

doch woher sollte er wissen, ob ein Flusspferd zu weinen vermag*. Auf der nächsten Seite

im Buch stand nur: *Dem Menschen kann das Flusspferd sehr gefährlich werden.*

65 „Vielleicht mögen die Leute deshalb nicht, dass ich ein Flusspferd bin", dachte der Mann.

„Ich muss es geheim halten. Keiner darf wissen, dass ich in Wirklichkeit nicht Meier, sondern

Hippopotamus heiße."

Von nun an tat der Mann, was alle Leute taten. Er ging seiner sehr befriedigenden Arbeit nach,

ließ sich Herr Meier nennen und aß Käse im Schnitt. Nur wenn ihn keiner beobachtete,

70 verzehrte er größere Mengen Petersilie. Manchmal freilich las er auch noch in seinem Buch.

Auf der letzten Seite stand: *Das Flusspferd belebt vor allem die Ströme* Afrikas.*

„Viel zu weit", dachte der Mann. Dann ging er zum Fluss hinab und setzte sich da hinein,

sodass nur noch sein Kopf herausschaute. Und wenn der Abend kam und das Dunkel und über

dem Fluss die Lichter angingen, grunzte er tief und brüllte weithin schallend, wie es im Buche

75 stand.

Die Inhaltsangabe planen

Schritt 2 ←

1 Damit du den Inhalt von einem Text wiedergeben kannst, musst du ihn gut verstehen.
Worum geht es in dem Text? Schreibe das Thema in einem Satz in dein Heft.

2 Wie wird Herr Maier zum „Flusspferd"?
Untersuche die Handlungsschritte in den sechs markierten Abschnitten genauer.

a) Unterstreiche in jedem markierten Abschnitt Schlüsselwörter zu den folgenden Fragen:

○ **Was steht im Buch?**

○ **Wie reagiert Herr Meier?**

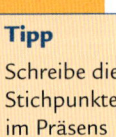

Verwende zwei verschiedene Farben.

> **Tipp**
> Schreibe die
> Stichpunkte
> im Präsens
> und fasse
> dich kurz,
> z. B.
> – *dicker Mann
> kauft Buch*

b) Welche Informationen sind zum Verständnis der Geschichte unbedingt nötig?
Schreibe zu jedem Abschnitt die wichtigsten Informationen stichpunktartig ins Heft.

3 Wie beurteilst du die Geschichte? Ergänze die Sätze in deinem Heft.

○ Der Text gefällt mir / gefällt mir nicht, denn …

○ Der Text eignet sich für den Lesenachmittag / eignet sich nicht, denn …

---

* **Richard Wagner (1813–1883):** ein berühmter deutscher Komponist, der viele Opern schrieb
* **ob ein Flusspferd zu weinen vermag:** ob ein Flusspferd weinen kann
* **der Strom (Pl. die Ströme):** ein großer Fluss, der ins Meer fließt

Die Inhaltsangabe schreiben

Merkmale einer Inhaltsangabe beachten

1 Beim Schreiben einer Inhaltsangabe musst du einige Besonderheiten beachten.
Lies den folgenden gelungenen Anfang einer Inhaltsangabe zur Geschichte auf ↗ Seite 28 ff.

→ **Schritt 3**

> In der Erzählung „Der Mann, der ein Flusspferd war" von Thomas Rosenlöcher geht es um
> einen dicken Mann, der sich vorstellt, ein Flusspferd zu sein.
> Der Mann kauft sich ein Buch über Flusspferde. Er möchte gern ein Flusspferd sein und legt
> sich in die Badewanne. Er liest, dass Flusspferde auch „Hippopotamus" genannt werden, und
> 5   stellt sich einer Frau auf der Straße als Hippopotamus vor, aber sie versteht ihn nicht. Der
> Mann ist ärgerlich und hat Hunger. Er erfährt aus dem Buch, dass Flusspferde Pflanzenteile
> fressen und kauft eine riesige Menge Petersilie. Anschließend ...

2 Welche Informationen enthält der Einleitungssatz (Zeile 1–2)? Kreuze an.

☐ Textart   ☐ Titel   ☐ Meinung des Lesers   ☐ Autor   ☐ Thema   ☐ Länge des Textes

3 Eine Inhaltsangabe enthält keine wörtliche Rede oder wörtliche Übernahmen.
Wie werden die folgenden Stellen aus der Geschichte in der Inhaltsangabe (Aufgabe 1)
umschrieben? Markiere die Formulierungen in der Inhaltsangabe.

- „Ich, der Mensch, habe Lust, Flusspferd zu sein." (Z. 7 f.)

- Dann nahm er das Buch, blätterte die nächste Seite um und las: *Das Flusspferd wird auf Griechisch Hippopotamus genannt.* (Z. 10 f.)

- „Guten Tag, Frau Müller." „Guten Tag, Herr Meier", sagte Frau Müller. „Hippopotamus", sagte der Mann. (Z. 17 ff.)

- Er nahm das Buch aus der Tasche, schlug die nächste Seite auf und las: *Das Flusspferd frisst sehr große Mengen Kraut, Gras, Blätter oder Wurzeln.* (Z. 25 f.)

Eine Inhaltsangabe schreiben

Mit einer Inhaltsangabe informierst du **möglichst kurz** über den Inhalt eines Textes.

- In der **Einleitung** werden die Textart (z. B. Erzählung, Märchen), der Titel des Textes, die Autorin / der Autor und das Thema genannt.

- Der **Hauptteil** gibt die wichtigsten Handlungsschritte wieder.

- Als **Schlussteil** wird eine Bewertung des Textes hinzugefügt.

- Die Inhaltsangabe steht immer im **Präsens** (oder Perfekt bei Vorzeitigkeit).

- Die Sprache ist **sachlich und knapp**.

- Textstellen dürfen nicht wörtlich übernommen werden. Wörtliche Rede wird **umschrieben** oder in **indirekte Rede** umformuliert.

Wichtige Handlungsschritte knapp wiedergeben

4 a) Lies noch einmal die Stichwortsammlung in deinem Heft (Aufgabe 2b, ↗ Seite 30).

b) Schreibe dann zu jedem Absatz ein bis zwei vollständige Sätze auf.
Formuliere möglichst kurze Sätze und verwende die Zeitform Präsens.

Z. 1–9: *Ein dicker Mann kauft sich ein Buch über Flusspferde und möchte dann selbst ein Flusspferd*

sein. Er setzt sich in die Badewanne und lässt sie mit Wasser volllaufen.

Z. 10–23: *Er liest weiter in seinem Buch, dass man ein Flusspferd auch Hippopotamus nennt.*

Seine Nachbarin spricht ihn mit seinem Namen an, aber er stellt sich selbst als „Hippopotamus" vor.

Z. 24–33: _____

_____

_____

_____

Z. 34–63: _____

_____

_____

_____

Z. 63–70: _____

_____

_____

_____

Z. 70–75: _____

_____

_____

5 Überprüfe deine Sätze aus Aufgabe 1 (↗ Seite 32):

   ○ Werden alle wichtigen Handlungsschritte wiedergegeben?

   ○ Gibt es überflüssige Informationen? Wenn ja, streiche sie durch.

6 Überprüfe die folgenden Formulierungen.
Versuche, die Sätze noch weiter zusammenzufassen. Schreibe in dein Heft.

  A *Ein dicker Mann kauft sich ein Buch über Flusspferde und möchte dann selbst ein Flusspferd sein.*

     Er setzt sich in die Badewanne, lässt sie mit Wasser volllaufen und setzt sich hinein.

  → *Beispiel: Nachdem ein dicker Mann sich ein Buch über Flusspferde gekauft hat, möchte er selbst ein*

     Flusspferd sein und setzt sich in die volle Badewanne.

  B *Er liest in seinem Buch, dass man ein Flusspferd auch Hippopotamus nennt. Seine Nachbarin*

     spricht ihn mit seinem Namen an, aber er stellt sich selbst als Hippopotamus vor.

  → *Als er in seinem Buch liest, dass man Flusspferde auch Hippopotamus nennt, ...*

  C *Als er Hunger hat, liest er in seinem Buch, dass Flusspferde riesige Mengen Kraut, Gras, Blätter*

     und Wurzeln fressen. Er geht in einen Laden und verlangt hundert Sträuße Petersilie.

  → *Nachdem er gelesen hat, dass　...*

Die Inhaltsangabe verfassen

7 Schreibe nun eine vollständige Inhaltsangabe zu der Erzählung „Der Mann, der ein Flusspferd
war" in dein Heft.
Gehe in folgenden Schritten vor und nutze den Merkkasten zur Inhaltsangabe auf ↗ Seite 31.

  a) Informiere in der Einleitung möglichst kurz über den Inhalt des Textes.

  b) Schreibe den Hauptteil deiner Inhaltsangabe mit allen wichtigen Handlungsschritten.
Nutze deine Ergebnisse aus den Aufgaben 5 und 6 auf dieser Seite.

  c) Schreibe den Schlussteil. Äußere darin deine Meinung dazu, ob die Geschichte zum Vorlesen
in der Grundschule geeignet ist.
Du kannst deine Notizen aus Aufgabe 3 (↗ Seite 30) verwenden.

   ○ *Mein erster Eindruck von der Geschichte war ... Aber dann ... / Aus diesem Grund ...*

   ○ *Mir gefällt die Geschichte (nicht), denn ...*

   ○ *Ich finde, sie eignet sich (nicht) zum Vorlesen in der Grundschule,... / Ich denke (nicht), dass sie den*

     Schülerinnen und Schülern der 4. Klasse gefällt, denn ...

Die Inhaltsangabe überarbeiten

Schritt 4 ←

1 Die folgende Fortsetzung der Inhaltsangabe zur Geschichte „Der Mann, der ein Flusspferd war"
ist noch fehlerhaft. Einige Merkmale von Inhaltsangaben wurden nicht berücksichtigt.

Überprüfe die Fortsetzung der Inhaltsangabe:

- ○ Welche Merkmale wurden berücksichtigt? Trage ein Plus (+) in die Kästchen ein.

- ○ Welche Merkmale sollten verbessert werden? Trage ein Minus (–) in die Kästchen ein.

☐	knappe, sachliche Sprache	☐	Verwendung von Präsens
☐	Auslassen unwichtiger Details	☐	Vermeidung von wörtlicher Rede

Achtung, Fehler!

> [...] Der Mann denkt, dass Flusspferde Künstler sind. Er geht zum Opernhaus, um dort als
> Sänger aufzutreten. Das Kassenfräulein wies ihn jedoch ab, sodass er schließlich eine Ein-
> trittskarte kaufte. Er setzt sich in die erste Reihe und isst noch ein Sträußchen Petersilie.
> Die Bühne sieht sehr fremdländisch aus. Als der Mann einen Sänger „brüllen" hört, brüllt er
> 5   auch. Er dachte, dass der ärgerlich gestikulierende Kapellmeister ihn dirigiert. Der Opern-
> direktor erscheint. Er nennt den Mann ein Flusspferd und ruft: „Verlassen Sie unser Haus."
> Die Oper ist von Richard Wagner. Der Mann fühlt sich endlich erkannt, aber er war traurig.
> Er las, dass das Flusspferd den Menschen sehr gefährlich werden kann und dachte, dass
> die Menschen ihn deshalb nicht mögen. So lebt er nach außen wieder wie alle anderen
> 10   Menschen. Er isst auch wieder Käse. Schließlich las er, dass Flusspferde in Afrika leben. Da
> Afrika dem Mann zu weit weg ist, setzt er sich in den nahen Fluss. Dort brüllt er im Dunkeln
> wie ein Flusspferd.

2 a) Vier Sätze enthalten unwichtige Informationen. Streiche diese Sätze durch.

    b) Überprüfe die Verben in der Inhaltsangabe. Kreise Verben ein, die in der falschen Zeitform
verwendet wurden.

    c) Schreibe die Verben in der richtigen Zeitform darüber.

    d) Formuliere den folgenden Satz so um, dass du die wörtliche Rede vermeidest:

Der Operndirektor erscheint. Er nennt den Mann ein Flusspferd und ruft:
„Verlassen Sie unser Haus."

3 Überprüfe deine eigene Inhaltsangabe mit Hilfe der Checkliste auf ↗ Seite 40 f.
und überarbeite sie, falls notwendig.

Inhaltsangabe: Der Verkäufer und der Elch

Die Schreibaufgabe klären

1 Deine Klasse möchte für das Schulfest ein Theaterstück schreiben und einstudieren. → **Schritt 1**
Dafür habt ihr verschiedene Geschichten gesammelt.
Du sollst deiner Klasse den Inhalt der folgenden Erzählung vorstellen und deine Meinung äußern,
ob sie sich als Grundlage für euer Theaterstück eignet.

Kläre die Schreibaufgabe und mache Notizen zu den genannten Punkten.

Adressaten: _____   Ziel: _____

Thema: _____   Schreibform: _____

Vorwissen der Adressaten: _____

2 Lies die Erzählung und notiere im Heft deinen ersten Eindruck.

Der Verkäufer und der Elch

von Franz Hohler

Kennt ihr das Sprichwort, „dem Elch eine
Gasmaske verkaufen"? Das sagt man im
Norden von jemandem, der sehr tüchtig ist,
und ich möchte jetzt erzählen, wie es zu
5 diesem Sprichwort gekommen ist.

Es gab einmal einen Verkäufer, der war dafür
berühmt, dass er allen alles verkaufen konnte. Er hatte schon einem Zahnarzt eine Zahnbürste
verkauft, einem Bäcker ein Brot und einem Obstbauern eine Kiste Äpfel.
„Ein wirklich guter Verkäufer bist du aber erst", sagten seine Freunde zu ihm, „wenn du einem
10 Elch eine Gasmaske verkaufst."
Da ging der Verkäufer so weit nach Norden, bis er in einen Wald kam, in dem nur Elche
wohnten.
„Guten Tag", sagte er zum ersten Elch, den er traf. „Sie brauchen bestimmt eine Gasmaske."
„Wozu?", fragte der Elch. „Die Luft ist gut hier."
15 „Alle haben heutzutage eine Gasmaske", sagte der Verkäufer.
„Es tut mir leid", sagte der Elch, „aber ich brauche keine."
„Warten Sie nur", sagte der Verkäufer, „Sie brauchen schon noch eine." Und wenig später
begann er mitten in dem Wald, in dem nur Elche wohnten, eine Fabrik zu bauen.
„Bist du wahnsinnig?", fragten seine Freunde.
20 „Nein", sagte er, „ich will nur dem Elch eine Gasmaske verkaufen."

Als die Fabrik fertig war, stiegen so viele giftige Abgase aus dem Schornstein, dass der Elch bald
zum Verkäufer kam und zu ihm sagte: „Jetzt brauche ich eine Gasmaske."

„Das habe ich gedacht", sagte der Verkäufer und verkaufte ihm sofort
eine. „Qualitätsware!", sagte er lustig.

25 „Die andern Elche", sagte der Elch, „brauchen jetzt auch Gasmasken.
Hast du noch mehr?" (Elche kennen die Höflichkeitsform mit „Sie"
nicht.)

„Da habt ihr Glück", sagte der Verkäufer, „ich habe noch Tausende."

„Übrigens", fragte der Elch, „was machst du in deiner Fabrik?"

30 „Gasmasken", sagte der Verkäufer.

Die Inhaltsangabe planen

Schritt 2 ←

1 Welcher dieser drei Sätze beschreibt das Thema der Erzählung am besten? Kreuze an.

Die Erzählung …

☐ handelt von einer spannenden Begebenheit mit Elchen.

☐ erklärt auf lustige Weise die Entstehung des Sprichworts „Einem Elch eine Gasmaske
verkaufen".

☐ erzählt vom Bau einer Gasmaskenfabrik in einem Wald.

2 Erschließe den genauen Inhalt der Erzählung:

a) Lies die Erzählung noch einmal und teile sie in sinnvolle Abschnitte ein.

b) Markiere in jedem Abschnitt wichtige Informationen zu den W-Fragen:
Wer? Wo? Was passiert?

c) Schreibe die wichtigen Handlungsschritte zu jedem Textabschnitt in Stichpunkten
in dein Heft.

3 Eignet sich die Erzählung, um ein Theaterstück für das Schulfest daraus zu entwickeln?
Schreibe deine Meinung in Stichpunkten auf.

_____

_____

_____

_____

4 Lies die Stichpunkte zum Inhalt der Geschichte und überarbeite sie folgendermaßen.

a) Einige Stichpunkte enthalten unwichtige Informationen. Streiche sie durch.

b) Manche Stichpunkte stehen in der falschen Zeitform.
Kreise sie ein und schreibe das Verb im Präsens darüber.

Abschnitt	Handlungsschritte (Was passiert?)
1	- Ich-Erzähler möchte Entstehung von Sprichwort erklären
2	- Verkäufer hat Zahnarzt eine Zahnbürste verkauft
	- Freunde meinen, er sei erst ein guter Verkäufer, wenn er Elch eine Gasmaske verkauft
3	- ging nach Norden in Wald, wo nur Elche lebten
	- sagt zu Elch: „Sie brauchen bestimmt eine Gasmaske."
	- Elch lehnte ab, Begründung: Luft ist gut
4	- Verkäufer baut Fabrik im Wald
	- Fabrik stieß Abgase aus
	- Elch sagt: „Jetzt brauche ich eine Gasmaske."
	- Elch wünschte noch mehr Gasmasken auch für andere Elche
	- duzte Verkäufer
	- Verkäufer hat noch viele Gasmasken vorrätig
	- Elch sagt: „Was machst du in deiner Fabrik?"
	- Verkäufer sagt: „Gasmasken."

Achtung, Fehler!

5 Überarbeite deine eigenen Notizen aus Aufgabe 2c (↗ Seite 36):

 ◗ Hast du dich auf die wichtigsten Informationen beschränkt? Streiche Überflüssiges.

 ◗ Hast du die Zeitform Präsens verwendet? Überprüfe die Verben.

Die Inhaltsangabe schreiben

Die Einleitung schreiben

Schritt 3 ← **1** Schreibe nun den Einleitungssatz zu deiner Inhaltsangabe (siehe Merkkasten auf ↗ Seite 31).

Die _____ (Textart) _____ (Titel)

von _____ (Autor) _____

_____

_____ (Thema)

Wörtliche Rede vermeiden

2 Um wörtliche Rede zu vermeiden, kannst du die Aussage umschreiben oder die indirekte Rede verwenden.

a) Vier Stichpunkte in Aufgabe 4 (↗ Seite 37) enthalten wörtliche Rede.
Umschreibe die Aussagen der Figuren mit Hilfe passender Verben aus dem Kasten in einem Satz.

antworten
meinen
fragen
anbieten
bitten
begründen

(1) _____

(2) _____

(3) _____

(4) _____

b) Forme die markierten Verbformen in die indirekte Rede (Konjunktiv I) um.

Der Verkäufer sagt ihm, dass er noch viele Gasmasken vorrätig <mark>hat</mark>.

_____

Der Elch lehnt mit der Begründung ab, dass die Luft im Wald gut <mark>ist</mark>.

_____

Auf die Frage, was er in seiner Fabrik denn <mark>verkauft</mark>, antwortet der Mann,
dass er Gasmasken <mark>herstellt</mark>.

_____

_____

Achtung, Fehler!

Konjunktiv I

Verbstamm + Konjunktiv-endung:

haben →
er habe

sein → **er sei**

verkaufen →
er verkaufe

herstellen →
herstelle oder
er stelle ... her

Wortwiederholungen vermeiden

3 Vermeide unnötige Wortwiederholungen.
Bilde aus den folgenden Sätzen Relativsätze (z. B. *Der Mann, der Gasmasken verkauft ...*) oder
verwende Demonstrativpronomen (z. B. *diese/dieser*).

(1) Er geht nach Norden in den Wald. In dem Wald leben nur Elche.

_____

_____

(2) Er bietet dem Elch eine Gasmaske an. Der Elch lehnt jedoch ab.

_____

(3) Der Verkäufer baut in dem Wald eine Fabrik. Die Fabrik stößt giftige Abgase aus.

_____

_____

4 a) Schreibe mit Hilfe all deiner Ergebnisse Einleitung und Hauptteil der Inhaltsangabe
in dein Heft. Orientiere dich dabei auch am Merkkasten auf ➚ Seite 31.

b) Lies noch einmal deine Notizen zu Aufgabe 3 auf ➚ Seite 36 und schreibe den Schlussteil.

Die Inhaltsangabe überarbeiten

1 a) Überprüfe deine Inhaltsangabe mit der Checkliste auf ➚ Seite 40 f.   → **Schritt 4**
Ruf dir dazu noch einmal die Schreibaufgabe in Erinnerung: Deine Klasse kennt den Text nicht
und soll nach dem Vorlesen der Inhaltsangabe Bescheid wissen,

○ worum es in der Geschichte geht und

○ warum sie sich (nicht) für euer Theaterstück eignet.

b) Markiere die Stellen in deiner Inhaltsangabe, die du verändern oder verbessern willst.

2 Überarbeite deinen Text und schreibe ihn vollständig und sauber in dein Heft.

39

Teste dich!

Checkliste: Inhaltsangabe

Mit der Checkliste kannst du deine Inhaltsangaben selbst überprüfen.
Für jede Inhaltsangabe in diesem Heft findest du eine Spalte.

Verwende folgende Markierungen:

++   Hier erfüllt dein Text die Anforderungen voll.

+   Hier erfüllt dein Text die Anforderungen mit geringen Fehlern.

+/–   Hier finden sich einige Fehler. Du solltest in Zukunft noch genauer auf diesen Punkt achten.

–   Hier finden sich noch viele Fehler. Du musst unbedingt noch üben.

	Text 1	Text 2	Text 3
Aufbau			
Einleitungssatz, Hauptteil und **Schluss** sind vorhanden.			
Die **Gliederung** in Einleitungssatz, Hauptteil und Schluss wird durch Absätze deutlich.			
Inhalt			
Im **Einleitungssatz** werden Textsorte, Titel, Autor und Thema genannt.			
Der **Hauptteil** enthält alle für die Handlung wichtigen Informationen.			
Auf Einzelheiten, Ausschmückungen und unwichtige Details wird verzichtet.			
Im **Schlusssatz** steht die Meinung zum Text mit Bezug auf die Schreibaufgabe.			
Formale Merkmale			
Die Inhaltsangabe ist deutlich **kürzer** als der Ausgangstext.			
In der Inhaltsangabe wird **keine wörtliche Rede** verwendet.			

	Text 1	Text 2	Text 3
Ausdruck			
Die **Wortwahl** ist sachlich und knapp.			
Die **Sätze** sind korrekt und vollständig.			
Es werden sinnvolle **Satzverknüpfungen** verwendet.			
Unnötige **Wortwiederholungen** werden vermieden.			
Es werden **keine Sätze** vom Ausgangstext **abgeschrieben**.			
Rechtschreibung			
Die Regeln der **Groß-** und **Kleinschreibung** werden beachtet.			
Die **lang gesprochenen Vokale** werden richtig geschrieben.			
Die **Schreibung nach kurz gesprochenen Vokalen** ist korrekt.			
Die **s-Laute** sind richtig geschrieben.			
Die Regeln der **Getrennt- und Zusammenschreibung** werden beachtet.			
Grammatik			
Die Zeitform **Präsens** wird eingehalten.			
Die **Satzschlusszeichen** (. / ? / !) sind richtig gesetzt.			
Die **Kommasetzung bei Aufzählungen** und **zwischen Haupt- und Nebensätzen** wurde beachtet.			
Äußere Form			
Die **Handschrift** ist gut lesbar.			
Korrekturen im Text sind sauber ausgeführt.			
Der **Rand** wird eingehalten.			

Wiederholen und vertiefen

Inhaltsangabe: Das Wunder im Schlachthof

1 Eure Klasse möchte für die nächste Ausgabe der Schülerzeitung einen Comic zeichnen. Ihr solltet dafür geeignete Texte suchen und den Inhalt kurz der Klasse vorstellen.

Lies noch einmal die Schreibaufgabe und unterstreiche die Angaben, für wen und zu welchem Zweck du die Inhaltsangabe schreiben sollst.

2 a) Lies die Erzählung und notiere deinen ersten Eindruck.

b) Entscheide dich, ob du nun die Aufgaben 3–6 (○●) bearbeiten möchtest oder gleich zur Aufgabe 7 (●●) gehen willst.

Das Wunder im Schlachthof

von Franz Hohler

Der Schlachthofangestellte Willi hatte einmal ein sonderbares Erlebnis, und zwar beim Hühnerschlachten. „Halt!", rief ihm ein Huhn zu, das an den Füßen aufgehängt auf der Rollschiene dahergeschoben wurde, „bring

5 mich nicht um, ich bin eine verzauberte Prinzessin!"

„In Ordnung", sagte Willi, hängte das Huhn aus und legte es hinter sich auf den Boden.

„He, was ist mit diesem Huhn?", fragte der Schlachthofmeister, der wenig später vorbeiging.

„Ich muss es leben lassen, es ist eine verzauberte Prinzessin", sagte Willi.

„Raus!", schrie der Meister, „und zwar sofort!"

10 Da steckte Willi das Huhn in seine Mappe und ging nach Hause. Dort nahm er es heraus und fragte es, was er tun müsse, damit er es erlösen könne.

„Es genügt, dass du mich gefragt hast", sagte das Huhn und stand als wunderschöne Prinzessin in seiner Küche.

Sie heirateten sofort und kauften mit dem Geld der Prinzessin den Schlachthof, und als Erstes

15 entließen sie den blöden Schlachthofmeister, der gesagt hatte: „He, was ist mit diesem Huhn?"

Dann machten sie aus dem Schlachthof ein Hühnerparadies, in dem die Hühner auf Teppichböden herumscharren und ins Kino gehen konnten und ihre Eier auf Polstersessel legten, und es waren die besten Eier weit und breit.

Wenn Willi mit seinem Futter zu den Hühnern ging, packte er manchmal eins und schaute ihm

20 in die Augen, aber die Hühner gackerten nur dumm und verstört, und sooft Willi es auch versuchte, es war nie wieder eine verzauberte Prinzessin darunter.

3 In dem folgenden Einleitungssatz einer Inhaltsangabe fehlen einige Angaben. Ergänze sie und schreibe den Satz vollständig in dein Heft.

In „Das Wunder im Schlachthof" geht es um ein sonderbares Erlebnis eines Schlachthofangestellten.

4 a) Teile die Geschichte in sinnvolle Abschnitte ein und markiere in jedem Abschnitt wichtige Informationen zur Handlung.

b) Schreibe zu jedem Textabschnitt die wichtigen Handlungsschritte in Stichpunkten in dein Heft.

5 a) Jeder dieser Sätze aus einer Inhaltsangabe zu der Erzählung enthält einen Fehler. Kreuze an, um welchen Fehler es sich jeweils handelt.

	wörtliche Rede	unwichtige Information	falsche Zeitform	Sprache unsachlich
(1) Ein Huhn bat Willi, es nicht zu schlachten.				
(2) Willi hängt das Huhn aus und legt es hinter sich auf den Boden.				
(3) Der Meister schreit „Raus!" und entlässt Willi daraufhin.				
(4) Das Huhn verwandelte sich bei Willi zu Hause in eine Prinzessin.				
(5) Die Prinzessin ist so super schön, dass der verliebte Willi sie sofort heiraten möchte.				

b) Formuliere die Sätze 1–5 so um, dass sie für eine Inhaltsangabe geeignet sind.

6 Schreibe nun eine komplette Inhaltsangabe zu der Geschichte in dein Heft. Beachte die Punkte im Merkkasten ↗ Seite 31.

7 a) Schreibe eine vollständige Inhaltsangabe zu der Geschichte „Das Wunder im Schlachthof" in dein Heft. Gehe dabei in den gelernten Schritten vor.

b) Nimm im Schlussteil Stellung zu der Frage, ob sich der Text als Vorlage für einen Comic eignet.

c) Überprüfe deine Inhaltsangabe mit Hilfe der Checkliste auf ↗ Seite 40 f. und überarbeite sie.

Übungen

Eine Person beschreiben

Die Schreibaufgabe klären

Schritt 1 ←

1 In eurer Schule ist eingebrochen worden. Schon mehrfach hast du eine schulfremde Person gesehen, die im Gebäude herumlief. Nun wirst du von der Polizei gebeten, diese Person möglichst genau zu beschreiben. Zum Glück hast du ganz genau hingesehen.

Kläre zunächst die Schreibaufgabe. Schreibe Stichpunkte.

Adressat: _____

Thema: _____

Ziel: _____

Schreibform: _____ Vorwissen des Adressaten: _____

Die Personenbeschreibung planen

Schritt 2 ←

2 Überlege, in welcher Reihenfolge du das Aussehen der Person beschreiben willst. Bringe die folgenden Merkmale in eine sinnvolle Reihenfolge. **Tipp:** Der Merkkasten unten hilft dir.

> Größe, Füße, Nase, Haare, Arme, Augen, Beine, Ohren,
> Finger, Kleidung, Haltung, Mundform, besondere Kennzeichen

_____

_____

_____

_____

Eine Person beschreiben

Bei einer Personenbeschreibung beginnt man meist mit dem **allgemeinen Eindruck**.
Dann beschreibt man die Person **von oben nach unten** (also vom Kopf bis zu den Füßen)
und die **Kleidung**. Zum Schluss kann man **besondere Kennzeichen** nennen.

3 Sieh dir die Abbildung auf ⌐ Seite 45 an. Wie wirkt der Mann auf dich?
Gib in ein bis zwei Sätzen deinen allgemeinen Eindruck wieder.

Der Mann wirkt auf den ersten Blick _____

_____

4 Deine Personenbeschreibung muss möglichst anschaulich und genau sein, damit die Polizei
den Einbrecher wiedererkennen kann. Passende Adjektive helfen dir dabei.

a) Sieh dir das Bild der schulfremden Person genau an und lies die Wortliste.

Wortliste zur Personenbeschreibung

Gesichtsform: rund, länglich, oval

Haare: lang, kurz, schulterlang, kinnlang, blond,
dunkelhaarig, rötlich, lockig, wellig, glatt, strähnig

Augen: groß, klein, mandelförmig, schmal, braun,
blau, grau, dunkel, grün

Nase: groß, klein, spitz, lang

Mund: groß, klein, schmal, volle Lippen

Ohren: unauffällig, abstehend, eng anliegen,

Kinn: spitz, rund, eckig, vorstehend

Figur/Körper: schlank, dünn, hager, sportlich,
muskulös, rundlich, dick, schlaksig, athletisch

Arme: lang, kurz, kräftig, große/kleine Hände

Beine und Füße: kurz, lang, o-beinig, x-beinig,
große/kleine Füße

Kleidung: sauber, gepflegt, ordentlich, elegant,
zerschlissen, schmuddelig, schmutzig

Besondere Kennzeichen: Narbe, Brille,
humpelnder/gebückter/aufrechter Gang,
Sommersprossen

HUMPELT!

b) Wähle aus der Liste oben passende Wörter und Formulierungen zur Beschreibung
des Mannes aus. Ordne sie den folgenden Angaben zu.

Gesichtsform: _____   Kleidung: _____

Haare: _____   _____

Augen: _____   _____

Nase: _____   _____

Mund: _____   Besondere Kennzeichen: _____

Ohren: _____   _____

Kinn: _____   _____

Figur/Körper: _____   _____

Arme/Hände: _____   _____

Beine/Füße: _____   _____

Die Personenbeschreibung verfassen

Schritt 3 ←

1 Lies noch einmal die Schreibaufgabe auf ↗ Seite 44. Wie musst du deinen Text schreiben? Kreuze die passende Antwort an.

☐ Ich muss spannend und unterhaltsam schreiben, damit die Polizeibeamten meinen Text gerne lesen.

☐ Ich muss möglichst sachlich und genau schreiben, damit die Person auf Grund meiner Beschreibung wiedergefunden werden kann.

☐ Ich muss schreiben, was ich über diese Person denke, denn die Polizisten interessieren sich vor allem für meine Meinung.

Die Einleitung schreiben

2 In der Einleitung kannst du schreiben, wann und wo du die Person gesehen hast. Außerdem solltest du deinen ersten Eindruck wiedergeben.

Lies die vier Einleitungen. Zwei davon sind unpassend. Streiche sie durch und schreibe eine Begründung auf.

A Der Mann lief schon vor Unterrichtsbeginn vor den Computerräumen umher.
Er fiel mir gleich auf, weil er mich an unseren Nachbarn von früher erinnert.
Ich vermute, dass er der Täter war.

B Der Mann treibt sich meist gegen 7:40 Uhr auf dem Flur vor den Computerräumen herum.
Er macht auf mich einen merkwürdigen Eindruck, da er zwar sehr ordentlich angezogen ist,
aber seine Frisur sehr wirr aussieht.

C Als ich letzten Montag die Schule betrat, ahnte ich schon, dass etwas Unheimliches
passieren würde. Und tatsächlich – als ich zu den Computerräumen kam, rutschte mir fast das
Herz in die Hose: Da stand ein Mann, der mich mit einem durchdringenden Blick ansah,
als wäre er aus einem Horror-Film entsprungen!

D Der Mann lief schon mehrfach vor der ersten Stunde vor den Computerräumen an mir
vorbei. Er ist sehr groß, grüßt uns Schüler freundlich, scheint jedoch vor allem interessiert an
den Raum-Belegungsplänen zu sein, die vor den Computerräumen aushängen.

Einleitung ☐ ist nicht geeignet, weil _____

_____

Einleitung ☐ ist nicht geeignet, weil _____

_____

3 Schreibe selbst eine Einleitung in dein Heft. Schreibe im Präsens.

Den Hauptteil schreiben

4 Auch eine Beschreibung sollte abwechslungsreiche Formulierungen und Satzverknüpfungen enthalten. Ergänze den Lückentext mit passenden Formulierungen aus der Randspalte.

Die Frau ist etwa 25 Jahre alt. Sie _____ sympathischen _____ .

Sie hat blonde lockige Haare, _____ als Zopf trägt. _____

sind ihre hellblauen Augen und die kleine Nase. _____ die Frau recht klein ist,

_____ sie athletisch. Die Kleidung der Frau _____ gepflegt _____ :

Sie _____ ein rotes Kostüm und eine weiße Bluse. _____

fallen ihre Sommersprossen auf.

○ macht einen … Eindruck
○ wirkt
○ sieht … aus
○ trägt
○ die sie
○ besonders auffällig
○ obwohl
○ als besonderes Kennzeichen

5 Schreibe den Hauptteil in dein Heft. Achte dabei auf folgende Punkte:

○ Sieh dir immer wieder das Bild auf ↗ Seite 45 an und verwende deine Stichpunkte von ↗ Seite 45, Aufgabe 4b.

○ Vermeide Wortwiederholungen, verwende treffende Adjektive und abwechslungsreiche Satzverknüpfungen.
Du kannst dich am Text aus Aufgabe 4 (oben) orientieren.

○ Achte auf sinnvolle Absätze.

> **Sprachliche Kennzeichen einer Personenbeschreibung**
>
> Eine Personenbeschreibung steht im **Präsens**. Sie ist **sachlich** und **möglichst genau** formuliert. Besonders wichtig sind **treffende Adjektive**.

Den Schluss schreiben

6 Am Schluss deiner Personenbeschreibung solltest du noch einmal kurz das Auffälligste an der Person zusammenfassen. Schreibe ein bis zwei Sätze.

Die Personenbeschreibung überarbeiten

1 a) Überprüfe deine Personenbeschreibung mit Hilfe der Checkliste auf ↗ Seite 57 f.

   → **Schritt 4**

b) Markiere die Textstellen, die du verändern oder verbessern willst.

2 Überarbeite deinen Text und schreibe ihn vollständig und sauber in dein Heft.

Eine Person charakterisieren

Die Schreibaufgabe klären

Schritt 1 ←

1 In den Ferien möchtest du deine Brieffreundin / deinen Brieffreund besuchen. Deine beste Freundin / dein bester Freund begleitet dich. Da deine Brieffreundin / dein Brieffreund neugierig ist, wer mitkommt, beschreibst du deine Freundin / deinen Freund in einem Brief.

Kläre die Schreibaufgabe und mache Notizen zu den folgenden Punkten.

Thema: _____

Adressat: _____

Vorwissen des Adressaten: _____

Ziel: _____ Schreibform: _____

Die Charakterisierung planen

Schritt 2 ←

fröhlich
humorvoll
ernst
nachdenklich
ausgeglichen
lebhaft
nervös
aktiv
unterneh-mungslustig
freundlich
höflich
hilfsbereit
einfallsreich
realistisch
verträumt
wissbegierig
neugierig
(un)ordent-lich
ehrgeizig
faul
fleißig
aufmerksam

2 a) Bei einer Person, die du gut kennst, kannst du mehr beschreiben als nur ihr Aussehen, z. B. ihre Hobbys, typische Verhaltensweise oder ihren Charakter.
Ergänze die Mindmap mit Informationen zu deiner Freundin / deinem Freund.

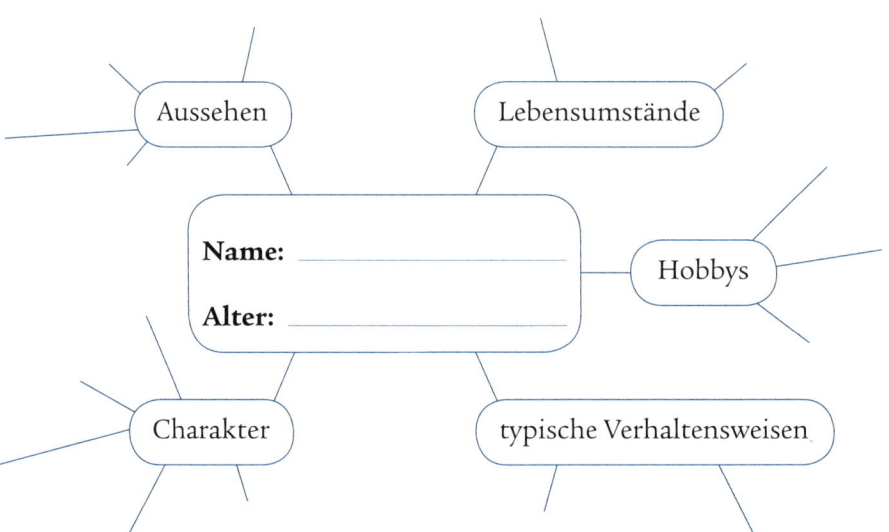

b) Nummeriere die Zweige deiner Mindmap in der Reihenfolge, in der sie in deiner Beschreibung vorkommen sollen.

c) Wähle aus, welche Merkmale du deiner Freundin / deinem Freund beschreiben willst.

> **Tipp**
> Beginne mit Name und Alter, gefolgt vom Aussehen.

Die Charakterisierung schreiben

Die Einleitung verfassen

1 Lies noch einmal die Schreibaufgabe auf ➚ Seite 48, Aufgabe 1.
Wähle einen der beiden Anfänge aus, schreibe ihn ab und ergänze ihn.

→ **Schritt 3**

> Liebe(r) ...,
>
> du hast mich gefragt, wen ich mitbringe, wenn ich dich in den Ferien besuchen komme. Deswegen möchte ich dir nun ...

> Liebe(r) ...,
>
> sicher bist du neugierig, wer ... Ich werde also versuchen, ...

Den Hauptteil schreiben

2 Deine Charakterisierung wird anschaulicher, wenn du einzelne Punkte vertiefst und mit Beispielen belegst:

Kurze Beschreibung: *Aylin gestikuliert beim Reden oft wild mit den Händen.*

Ausführliche Beschreibung: *Aylin gestikuliert beim Reden oft wild mit den Händen. Das kann sehr komisch aussehen und einmal hat sie dabei sogar mitten im Unterricht eine Federtasche vom Tisch gefegt. Dafür sind ihre Erzählungen aber immer sehr mitreißend und lustig.*

Schreibe zu den folgenden Punkten ausführlichere Beschreibungen in dein Heft.

- ○ Aylin kann man als sehr humorvoll bezeichnen.
- ○ Sie ist sehr kontaktfreudig.
- ○ Sie mag alles, was mit Musik zu tun hat.

3 Schreibe den Hauptteil des Briefes mit der Charakterisierung deiner Freundin / deines Freundes in dein Heft. Achte dabei auf folgende Punkte:

- Schreibe im Präsens.

- Orientiere dich an deiner Mindmap (↗ Seite 48, Aufgabe 2) und der festgelegten Reihenfolge.

- Kennzeichne inhaltliche Einschnitte durch Absätze.

- Beschreibe anschaulich und ausführlich. Ergänze die Merkmale mit Beispielen.

- Achte auf einen guten Ausdruck. Vermeide unnötige Wortwiederholungen.

- Verknüpfe die Sätze durch passende Formulierungen miteinander.

Den Schluss schreiben

4 a) Es gibt verschiedene Möglichkeiten, deinen Brief zu beenden. Vervollständige die drei Schlusssätze.

A   *Ich freue mich schon darauf, ...*

B   *Ich bin gespannt, ...*

C   *Ich bin mir sicher, dass du meine Freundin / meinen Freund ...*

Viele Grüße

Dein(e)

b) Wähle einen der drei Schlusssätze aus und übertrage ihn in dein Heft.

Die Charakterisierung überarbeiten

Schritt 4 ← **1 a)** Überprüfe deine Charakterisierung mit Hilfe der Checkliste auf ↗ Seite 57 f. Nimm dir Zeit dafür und konzentriere dich jeweils nur auf einen oder zwei Punkte.

b) Markiere die Textstellen, die du verändern oder verbessern willst.

2 Überarbeite den Text und schreibe ihn vollständig und sauber in dein Heft.

Eine literarische Figur beschreiben

Die Schreibaufgabe klären

→ **Schritt 1**

1 Du sollst in der nächsten Klassenarbeit eine Figur aus einem literarischen Text beschreiben.
Zum Üben hat euch eure Lehrerin folgende Aufgabe gegeben:
„Beschreibe Adam aus dem Jugendbuch ‚Adam und Lisa' von Myron Levoy."

Nenne Thema, Adressat und Ziel dieser Schreibaufgabe.

Thema: _____

Adressat: _____

Ziel: _____

2 Lies den Auszug aus dem Jugendbuch „Adam und Lisa" von Myron Levoy.
Die Schülerin Lisa erzählt darin von ihrer ersten Begegnung mit dem neuen Mitschüler Adam.

Als Adam Bates in Biologie den freien Platz neben mir bekam, riefen drei Leute in
der Klasse so laut *O nein!*, dass Adam, Mrs. Felts und der Rest der Klasse es hören
konnten. Und meine Freundin Kim Wallach war eine von den dreien. Es war nicht
zu fassen. Ich warf ihr einen langen Blick zu und sie kapierte, was ich meinte.
5 Sie wurde puterrot und schaute weg.
Keiner wusste viel über Adam, außer dass er ziemlich sonderbar und ein
Einzelgänger war. Er war in einem Sonderkurs – „Sonderschüler" nennt man die
Leute da – und dort wahrscheinlich wegen guter Führung oder so was Ähnlichem
wie ein Häftling rausgekommen und unserer wunderbaren normalen Bioklasse
10 zugeteilt worden. „Integrativmaßnahmen" heißt das hübsche hässliche Wort, das sie dafür
benutzen. „Integrativmaßnahmen" und „Sonderschüler". Was für ein Scheiß. [...]

Menschen sind Menschen. Wenn ich groß bin, werde ich vielleicht mal eine Studie über diese
Kinder machen. *Sonderschüler* von Lisa Daniels. Ich will nämlich im wirklichen Leben –
und die Highschool ist ja nicht das wirkliche Leben – Reporterin werden. Genauer gesagt:
15 Bildjournalistin. Fotografin. [...]

Ich gebe jeden Pfennig, den ich habe, für Filme, Entwickler, Fixiermittel und Fotopapier aus. Ich entwickle meine Filme in der Dunkelkammer* meines Vaters. Als ich ungefähr zehn war, hat er mich zum Fotonarren gemacht, wie er das nennt. Ich glaube, es tut ihm jetzt schon ein bisschen leid. Er hat nicht gerade begeistert reagiert, als ich einmal in der Dunkelkammer eine

20 ganze Ladung Fixierlösung* auf dem Boden verschüttete. Und in letzter Zeit bin ich so oft da drin, dass er seine eigenen Fotos nicht mehr entwickeln kann. Meine Mutter wird auch schon ganz nervös. Es ist nicht des Geldes wegen, das ich fürs Fotografieren ausgebe, oder wegen der Zeit, die ich dafür verwende, sondern es sind die Bilder, die ich mache. Sie findet meine Bilder vulgär; ich meine, irgendwie schmuddelig. Mein Vater denkt genauso. Er redet immer davon,

25 dass man mit einer Kamera *malen* muss. Er erzählt mir, dass man das Licht richtig einfangen muss, die Schatten und die ewige Schönheit der Natur und dieses ganze Blabla. Aber ich finde, dass alte Leute, die auf einer Parkbank sitzen, schön aussehen können. Oder ein zerbeultes Auto, das auf Klötzen aufgebockt ist. Oder Spinnen.

Früher habe ich dauernd Spinnen mit einem Makro-Objektiv* fotografiert. Und Spinneneier.

30 Und tote Insekten in Spinnenweben. Und eine Spinne, die ein totes Insekt verspeist – wahrscheinlich als Nachtisch. Das finde ich schön: wenn sich Leben und Tod direkt vor einem abspielen.|

Aber zurück zu Adam Bates. Bis zu diesem Vormittag hatte ich ihn nur ab und zu mal auf dem Korridor gesehen oder in der Cafeteria zusammen mit anderen Schülern aus der Förderklasse,

35 die sich mit Mrs. Gladdings, ihrer Lehrerin, unterhielten. Jetzt in Bio, wo er neben mir saß, kam er mir schon ein bisschen seltsam vor. Er starrte die ganze Zeit auf seinen Tisch und hatte im Biobuch das falsche Kapitel aufgeschlagen. Und ich muss schon sagen, dass die Sachen, die er anhatte, mächtig verlottert waren. Normalerweise kümmere ich mich nicht darum, was jemand anhat; es fällt mir gar nicht auf. Ich bin ja selber immer ziemlich schlampig angezo-

40 gen, aber die Flicken, die ich mir auf meine Jeans nähe, sind immer hübsch sauber und bunt. Adams Jeans waren wirklich in einem miserablen Zustand. Eine Tasche hing lose herunter und direkt unter seinem Po hatte er einen Riesenriss. Das machte ihm anscheinend nichts aus. Adam war wirklich anders als wir anderen. Er war das, was manche Kinder *schräg* nennen, und weil er so war, versuchte ich ihn irgendwie zu mögen. Vielleicht, weil ich einen Cousin habe,

45 der so ist, oder weil ich selber ziemlich schräg bin. Jeder in Adams Nähe war auf seinem Sitz ganz nach außen gerutscht, nur ich nicht. [...]

Dann sah Adam, dass ich ihn anstarrte, und ich schenkte ihm mein berühmtes Lisa-Daniels-Lächeln, das sogar bellende Hunde zum Schweigen bringt. Er schaute sofort wieder auf den Tisch. [...]

50 Es konnte nicht an meiner überwältigenden Schönheit liegen, dass er so schüchtern reagierte; ich sehe eigentlich eher unauffällig aus. Kim sagt, ich könnte ziemlich attraktiv aussehen, wenn ich dies und das und noch ein bisschen was mit meinen Haaren und meiner Nase anstellen würde. Ich hab's zweimal bei Kim zu Hause probiert und es hat Stunden gedauert.

---

* **die Dunkelkammer:** dunkler Raum zum Entwickeln von Filmen und Fotos
* **die Fixierlösung:** Flüssigkeit zum Entwickeln von Fotos
* **das Makro-Objektiv:** Linse, mit der man Gegenstände stark vergrößert fotografieren kann

Meine Nase sah immer noch zu sehr nach Nase aus, meine Haare waren immer noch zu strup-
55 pig, meine Augen standen immer noch eng zusammen, und obwohl ich mir diesen ganzen Mist
ins Gesicht geschmiert hatte, sah ich aus wie eins dieser Mädchen im Kino, die statt leiden-
schaftlicher Blicke immer nur Gelächter ernten. Ich fand, dass ich meine Zeit besser aufs Fotografieren verwenden sollte.

Adam starrte fast die ganze Stunde lang auf seinen Tisch. Sein Mund stand immer noch offen,
60 er wirkte irgendwie verloren. Traurig. Er wirkte immer einsam und verlassen, auch in der
Cafeteria, wenn er mit den anderen aus der Förderklasse zusammen war. Vielleicht war er ja deswegen in der Förderklasse. Vielleicht hatte er Schwierigkeiten Beziehungen mit anderen Leuten
aufzunehmen. Oder er hatte wirklich nicht alle Tassen im Schrank. Oder beides zusammen.
Ich habe die schlechte Angewohnheit, die Leute immer unter dem Blickwinkel zu betrachten,
65 wie man sie fotografieren könnte. Adam war dünn und drahtig, eigentlich kein muskulöser Typ
wie Russ Nielsen, von dem mir Kim neulich erzählt hat, dass er mit Hanteln trainiert. Und Adam
war auch nicht so groß. Aber sein Gesicht sah unter den rotblonden Haaren und mit seiner
Stupsnase sehr interessant aus. Sehr ausdrucksvoll. Es wäre schön, wenn man die Schüchternheit in diesem Gesicht einfangen könnte, diesen verlorenen Ausdruck. [...]

70 Ich lächelte noch einmal, beugte mich über den Gang zu ihm hinüber und flüsterte: „Hallo.
Ich bin Lisa Daniels. Hallo. Ich ... ich glaub, du hast die falsche Seite aufgeschlagen. Wir sind
auf Seite 27. Bei diesem ganzen Hämoglobinquatsch*.“
Er schaute auf seine Hände hinunter. „D-das ist mir egal“, flüsterte er. „Wir haben kein
Hämoglobin. Aber trotzdem d-danke.“ Er stotterte ganz leicht. [...]
75 Dann schaute er mich ganz offen und direkt an, als wollte er herausfinden, ob
ich okay war und er mir vertrauen konnte. Seine Augen waren graublau und sehr
lebhaft. Überhaupt nicht blöde.
[...] Aber er hatte trotz allem etwas, das mich anzog. Er war vielleicht irgendwie
komisch, aber es kam mir so vor, als wäre er – wie soll ich das nur ausdrücken –
80 er selber. Ich meine damit, dass Kims Supertyp Russ immer irgendjemand anderen nachmacht: Matt Dillon oder Prince oder den Tarzan aus dem neuesten
Tarzanfilm. Irgendwie sagt er immer: Schaut doch mal her! Ich bin hart, cool
und einfach toll. Viele von den Jungs kommen mir so vor. Sie haben alle diese
Nummer drauf. Wahrscheinlich gefiel mir Adam, weil er nicht so war. Ich mochte ihn, weil er
85 schüchtern war, und ich mochte ihn sogar, weil er manchmal ganz plötzlich so verletzt wirkte.

Die Figurenbeschreibung planen

1 Markiere alle Textstellen, die Hinweise auf Adams **Aussehen**, seinen **Charakter**, sein **Verhalten**
und seine **Lebensumstände** geben.

→ **Schritt 2**

* **das Hämoglobin:** roter Farbstoff in den Blutkörperchen

2 a) Übertrage die folgende Tabelle in dein Heft und trage alle Informationen über Adam in Stichpunkten ein.
Ergänze in Klammern die entsprechenden Zeilenangaben.

Adam Bates, Schüler:

Tipp

Achte bei der Beschreibung des Aussehens auf die Reihenfolge: zuerst der allgemeine Eindruck, dann die einzelnen Merkmale von oben nach unten.

Aussehen	Charakter und Verhalten	Sonstiges
...	...	○ Einzelgänger (Z. ___) ○ nicht sehr beliebt bei den Mitschülern (Z. ___)

b) Streiche Dopplungen und überflüssige Informationen durch und nummeriere die Stichpunkte in deiner Tabelle in der Reihenfolge, in der du sie in der Figurenbeschreibung verwenden möchtest.

Die Figurenbeschreibung verfassen

Die Einleitung schreiben

Schritt 3 ←

1 a) Lies die beiden Einleitungen zu einer Figurenbeschreibung und ergänze die fehlenden Angaben.

A In dem Jugendbuch „_____ " von _____

                      Titel   Autor

geht es um zwei Schüler namens _____ ,

                                              Hauptfiguren

die beide im gleichen Biologie-Kurs sitzen.

B Das _____ " _____ "

            Textsorte   Titel

von _____ handelt von zwei Schülern. Es ist aus der

     Autor

Ich-Perspektive von _____ geschrieben, die den neuen Schüler

                   Hauptfigur 1

_____ im Biologie-Kurs als Sitznachbarn zugeteilt bekommt.

Hauptfigur 2

b) Entscheide dich für eine der beiden Einleitungen und schreibe sie vollständig in dein Heft. Du kannst auch eine eigene Einleitung formulieren.

Einleitung einer Figurenbeschreibung

Bei der Beschreibung einer literarischen Figur stehen in der Einleitung **Titel, Autor** und **Textsorte**. Außerdem enthält die Einleitung eine **kurze Einordnung der Hauptfiguren** (Wie heißen sie? In welcher Situation befinden sie sich?).

Den Hauptteil schreiben

2 Bei der Beschreibung von Adam kannst du ähnlich vorgehen wie bei der Charakterisierung deiner Freundin / deines Freundes auf ↗ Seite 48–50. Allerdings musst du dich immer auf den Text beziehen.

Du kannst auf verschiedene Art und Weise etwas am Text belegen.
Lies die vier Möglichkeiten und die dazugehörigen Beispiele.

A Man nennt erst ein Merkmal der Figur und anschließend eine Textstelle als Beleg:

Adam scheint sehr schüchtern zu sein, denn er schaut fast die gesamte Biologiestunde lang auf seinen Tisch (vgl. Z. 36).

B Man nennt zuerst eine Textstelle und leitet eine Charaktereigenschaft daraus ab:

Adam starrt fast die gesamte Biologiestunde über auf seinen Tisch (vgl. Z. 36). Daran kann man sehen, dass er offenbar sehr schüchtern ist.

C Man kann für eine Charaktereigenschaft auch mehrere Beispiele aus dem Text angeben:

Adam wird als sehr schüchtern dargestellt. Mehrmals wird im Text erwähnt, dass er in der Biologiestunde ständig vor sich auf den Tisch starrt (vgl. Z. 36, Z. 48 f., Z. 59). Außerdem beschreibt Lisa ihn als Einzelgänger (vgl. Z. 7) und vermutet, dass er Probleme hat, mit anderen Leuten Kontakte zu schließen (vgl. Z. 62 f.). Auch in Adams Gesicht spiegelt sich die Schüchternheit wider (vgl. Z. 67–69).

D Es können auch Zitate aus dem Text angeführt werden. Zitate sind Ausschnitte aus dem Text, die wortwörtlich übernommen werden und durch Anführungszeichen gekennzeichnet sind. Zitate sollten jedoch nicht zu lang sein.

Dass Adam schüchtern ist, wird im Text mehrfach deutlich. In Zeile 68 f. heißt es z. B.: „Es wäre schön, wenn man die Schüchternheit in diesem Gesicht einfangen könnte, diesen verlorenen Ausdruck."

> **Tipp**
>
> Ergänze immer eine Zeilenangabe in Klammern, damit man die Textstelle wiederfinden kann, z. B.:
>
> *(vgl. Z. 3) = Vergleiche mit Zeile 3.*

Hauptteil einer Figurenbeschreibung

Bei der **Beschreibung einer literarischen Figur** müssen die **Aussagen über die Figur am Text belegt werden.**

3 Belege die folgenden Aussagen über Adam am Text.
Nutze dazu jeweils die in der Klammer angegebene Möglichkeit aus Aufgabe 2 (➚ Seite 55).
Schreibe in dein Heft.

- ◗ Adam ist anders als die anderen. (Möglichkeit **A**)

- ◗ Er ist nicht sehr beliebt bei seinen Mitschülern. (Möglichkeit **C**)

- ◗ Er hat offenbar kein Interesse am Unterricht. (Möglichkeit **B**)

- ◗ Er scheint sich nichts aus Äußerlichkeiten zu machen. (Möglichkeit **D**)

4 Schreibe den Hauptteil mit der Beschreibung von Adam in dein Heft.
Achte dabei auf folgende Punkte:

- ◗ Schreibe im Präsens.

- ◗ Nutze deine Ergebnisse aus Aufgabe 2b, ➚ Seite 54.

- ◗ Belege deine Aussagen am Text.

- ◗ Kennzeichne inhaltliche Einschnitte durch Absätze.

- ◗ Achte auf einen guten Ausdruck. Vermeide unnötige Wortwiederholungen.

- ◗ Verknüpfe die Sätze mit passenden Formulierungen.

Den Schluss schreiben

5 Für den Schluss gibt es verschiedene Möglichkeiten:

- ◗ Du kannst deine eigene Meinung formulieren. Was denkst du persönlich über Adam? Inwiefern findest du diese Figur sympathisch oder unsympathisch?

- ◗ Du kannst noch einmal das Wichtigste zur beschriebenen Figur in wenigen Sätzen auf den Punkt bringen.

- ◗ Du kannst beschreiben, wie die Ich-Erzählerin Lisa zu Adam zu stehen scheint.

Suche dir eine der Möglichkeiten aus und schreibe einen Schlussteil in dein Heft.

Die Figurenbeschreibung überarbeiten

Schritt 4 ←

1 a) Überprüfe deine Beschreibung mit Hilfe der Checkliste auf ➚ Seite 57 f.

b) Markiere die Stellen im Text, die du verändern oder verbessern willst.

2 Überarbeite deinen Text und schreibe ihn vollständig und sauber in dein Heft.

Teste dich!

Checkliste: Beschreiben und charakterisieren

Mit der Checkliste kannst du deine Texte selbst überprüfen.
Für jeden deiner Texte hast du eine Spalte.

Verwende folgende Markierungen:

++   Hier erfüllt dein Text die Anforderungen voll.

+   Hier erfüllt dein Text die Anforderungen mit geringen Fehlern.

+/– Hier finden sich einige Fehler. Du solltest in Zukunft noch genauer auf diesen Punkt achten.

–   Hier finden sich noch viele Fehler. Du musst unbedingt noch üben.

	Text 1	Text 2	Text 3	Text 4	Text 5
Aufbau					
Überschrift, Einleitung, Hauptteil und **Schluss** sind vorhanden.					
Der Aufbau wird durch **Absätze** verdeutlicht.					
Inhalt					
Die **wichtigsten Informationen** über die Personen sind enthalten.					
Die **Reihenfolge der Merkmale** ist sinnvoll und gut nachvollziehbar, z. B. vom Allgemeinen zum Besonderen oder von oben nach unten.					
Die Beschreibung enthält **Textbelege mit genauer Zeilenangabe**.	▩	▩			
Ausdruck					
Der Text ist **sachlich und genau** geschrieben.		▩			
Die Charakterisierung der Person ist **ausführlich und anschaulich**.	▩		▩		
Es werden **passende Adjektive** verwendet.					
Unnötige **Wortwiederholungen** werden vermieden.					
Die **Sätze** sind korrekt und vollständig.					
Die **Satzverknüpfungen** sind sinnvoll und abwechslungsreich.					

	Text 1	Text 2	Text 3	Text 4	Text 5
Rechtschreibung/Grammatik					
Der Text steht im **Präsens**.					
Die Regeln **der Groß- und Kleinschreibung** werden beachtet.					
Die Regeln der **Getrennt- und Zusammenschreibung** werden beachtet.					
Sonstige Regeln der **Rechtschreibung** werden eingehalten: ○ Schreibung von langen Vokalen und nach kurz gesprochenen Vokalen, ○ Schreibung von Zeitangaben, ○ Schreibung von festen Wendungen.					
Die **Satzschlusszeichen** (. / ? / !) sind richtig gesetzt.					
Die Regeln der **Kommasetzung** werden beachtet: ○ Komma bei Aufzählungen, ○ Komma zwischen Haupt- und Nebensätzen.					
Zitate werden mit Anführungszeichen gekennzeichnet.					
Äußere Form					
Die **Handschrift** ist gut lesbar.					
Korrekturen im Text sind sauber ausgeführt.					
Der **Rand** wird eingehalten.					

Wiederholen und vertiefen

Eine Person charakterisieren

1 Du nimmst an einem E-Mail-Partnerschaftsprojekt mit einer deutschen Schule in Mexiko teil. Deine E-Mail-Partnerin / dein E-Mail-Partner soll einen möglichst genauen Eindruck von dir bekommen. Verfasse eine E-Mail und beschreibe dich darin selber.
Gehe folgendermaßen vor:

○ Lege eine Mindmap an. Schreibe in die Mitte deinen Namen und dein Alter. Ordne darum herum Zweige an zu deinem Aussehen, deinen Lebensumständen, deinem Charakter, deinen Hobbys und typischen Verhaltensweisen (siehe ↗ Seite 48).

○ Nummeriere die Zweige deiner Mindmap in der Reihenfolge, in der sie in deiner Beschreibung vorkommen sollen. Beginne mit Name und Alter, gefolgt vom Aussehen.

○ Verfasse die E-Mail mit deiner Personenbeschreibung. Achte auf folgende Punkte:

   – Gliedere die E-Mail in Einleitung, Hauptteil und Schluss.

   – Denke an die Anrede am Anfang und die Grußformel am Schluss.

   – Schreibe im Präsens.

   – Orientiere dich an deiner Mindmap und der festgelegten Reihenfolge.

2 Überprüfe deinen Text mit Hilfe der Checkliste auf ↗ Seite 57 f. und überarbeite ihn, falls notwendig.

Eine literarische Figur beschreiben

1 Beschreibe Lisa aus dem Jugendbuch „Adam und Lisa" von Myron Levoy (↗ Seite 51 ff.). Gehe folgendermaßen vor:

○ Markiere im Text (↗ Seite 51–53) alles, was du über Lisa erfährst.

○ Lege eine Tabelle mit Informationen zu Lisa an (↗ Seite 54). Trage Stichpunkte zu den Bereichen *Aussehen, Charakter/Verhalten, Sonstiges* ein. Nummeriere die Stichpunkte in einer sinnvollen Reihenfolge, so wie du sie im Text verwenden möchtest.

○ Verfasse die Personenbeschreibung.

   – Denke daran, dass die Einleitung den Titel des Buches, die Nennung des Autors, die Textart und eine kurze Einordnung der Hauptfigur(en) enthalten muss.

   – Belege deine Aussagen am Text.

2 Überprüfe deinen Text mit Hilfe der Checkliste auf ↗ Seite 57 f. und überarbeite ihn, falls notwendig.

Übungen

Protokolle schreiben

Allgemeine Merkmale

1 Lies den folgenden Auszug aus einem Protokoll zu einer Schülervertretersitzung.

Überschrift

Protokoll der Schülervertretersitzung vom 19. 01. 20..

Protokoll-kopf

Ort: Droste-Hülshoff-Schule, Raum 303

Zeit: 10:30 – 12:00 Uhr

Anwesend: Herr Paulsen (stellv. Schulleiter), Ilka Scholz (7a), Lina Saber (7b),

Damian Goetze (8a), Deniz Can (8b), Luis Wessel (9b),

Mani Irmler (10b)

Entschuldigt: Sarah Zeng (9a)

Leitung: Schulsprecher Sven Schulz (10a)

Protokoll: Deniz Can (8b)

Tagesordnung: **TOP 1:** Auswertung Adventsbasar

TOP 2: Einrichtung einer Sitzecke im Erdgeschoss

TOP 3: ...

Hauptteil

Zu TOP 1: Herr Paulsen und Sven Schulz danken allen Klassen für ihre Mithilfe bei der Organisation des Adventsbasars. Außerdem liest Herr Paulsen eine E-Mail der Elternvertreterin Frau Möller vor, in der Frau Möller das große Engagement der Schülerinnen und Schüler lobt. Louis Wessel (9b) und Ilka Scholz (7a) kritisieren die Unübersichtlichkeit der Stände. Es wird der Vorschlag gemacht, im nächsten Jahr einen Übersichtsplan an die Eingangstür zu hängen, auf dem alle Stände eingezeichnet sind.

Zu TOP 2: Louis Wessel (9b) trägt den Vorschlag seiner Klasse vor, im Erdgeschoss vor dem Eingang der Turnhalle eine Sitzecke einzurichten. Dort könnten sich die Schülerinnen und Schüler in Regenpausen und Freistunden aufhalten. Alle Anwesenden stimmen dem Vorschlag zu. Herr Paulsen verspricht, diese Idee in der nächsten Schulkonferenz vorzutragen.

Zu TOP 3: ...

Schluss

Berlin, 20. 01. 20.. *Deniz Can*

2 Für welche Adressaten und mit welchem Ziel (Zweck) wurde dieses Protokoll geschrieben?
Notiere deine Einschätzung in Stichpunkten.

Adressaten: _____ Ziel: _____

_____ _____

_____ _____

3 Welche Angaben stehen in welchem Teil des Protokolls?
Ordne die Stichpunkte im Kasten den einzelnen Protokollteilen zu.

> Ort und Datum der Abfassung des Protokolls – Bezeichnung der Veranstaltung mit Datum –
> Unterschrift – Ort der Besprechung – Auflistung der Tagesordnungspunkte (TOPs) –
> Zeitraum der Besprechung – Teilnehmer/innen – nicht anwesende Personen – genauere
> Informationen zu den einzelnen Tagesordnungspunkten (TOPs) – Name der Diskussions-
> leiterin / des Disskussionsleiters – Name der Protokollantin / des Protokollanten

Überschrift: _____

Protokollkopf: _____

_____

_____

_____

_____

Hauptteil: _____

Protokollschluss: _____

_____

4 Man unterscheidet bei Protokollen zwischen Verlaufsprotokollen und Ergebnisprotokollen.
Um welche Protokollform handelt es sich beim Beispiel auf ↗ Seite 60?
Kreuze die passende Beschreibung an.

☐ Das Verlaufsprotokoll

… berichtet über den gesamten Verlauf
einer Besprechung oder Diskussion.

… gibt alle Redebeiträge der einzelnen
Diskussionsteilnehmer/innen in der
genauen Reihenfolge wieder.

☐ Das Ergebnisprotokoll

… hält den Verlauf und die wichtigsten
Ergebnisse einer Besprechung oder
Diskussion in knapper Form fest.
Dabei können die Aussagen verschiedener
Teilnehmer/innen auch zusammengefasst
werden.

5 a) Lies den Protokollauszug (↗ Seite 60) noch einmal und unterstreiche alle Verben.

b) In welcher Zeitform wurde das Protokoll geschrieben? Notiere.

Das Protokoll wurde im   geschrieben.

6 In welcher Sprachform wird ein Protokoll geschrieben?
Lies noch einmal das Beispiel auf ↗ Seite 60 und kreuze alle richtigen Aussagen an.

☐ berichtend

☐ erzählend

☐ genau, sachlich

☐ spannend, unterhaltsam

☐ Gefühle werden ausführlich beschrieben.

☐ Der Protokollant schreibt seine Meinung zu den einzelnen Punkten.

☐ Der Protokollant gibt das Besprochene ohne eigene Ergänzungen und Kommentare wieder.

7 Lies den folgenden Merkkasten und überprüfe deine Beobachtungen zum Protokoll in den Aufgaben 2, 5 und 6.

Protokolle schreiben

Protokolle berichten **genau** und **sachlich** über Besprechungen, Sitzungen und Verhandlungen. Der Protokollant darf dabei seine persönliche Meinung nicht zum Ausdruck bringen.

Protokolle haben zwei Aufgaben:

1 Sie informieren Personen, die nicht an der Besprechung teilgenommen haben.

2 Sie halten den Verlauf und die Ergebnisse der Besprechung fest, damit die Teilnehmer sie noch einmal nachlesen und sich bei Streitigkeiten später darauf berufen können (Beweismittel).

Alle Protokolle verfügen über eine feste äußere Form mit **Protokollkopf, Hauptteil** und **Protokollschluss**.

Protokolle stehen im **Präsens**.

Die Wiedergabe von **wörtlicher Rede wird vermieden**.

Ein Ergebnisprotokoll schreiben

Die Schreibaufgabe klären

1 Lies den Stichpunktzettel, den eine Schülerin der Klasse 8b der Schiller-Schule während einer Klassenbesprechung zur Klassenfahrt angefertigt hat.

→ **Schritt 1**

Besprechung Klassenfahrt, 23.09.20..   *Merle Richter, 8b*
8:00 – 8:45, Klassenzimmer

Da: Frau Kühne (Klassenlehrerin), Selina, Deniz, Sophia, Marie, Ranya, Lina, Andela, Sarah, Clara, Antonio, Emilia, Bela, Murat, Quentin, Konstantin, Lukas, Max, Kevin, Carl
Nicht da: Tom (krank), Benjamin (Schülervertretersitzung)

(1)   –   Klassenfahrt 5 Tage im Frühjahr
(2)   –   Wohin? Vorschlag Fr. Kühne: Berlin
(3)   →   Sarah: super zum Shoppen! ☺ (Yippie!!!)
(4)   →   Sophia: Bruder macht Lehre in Berlin, coole Clubs!
(5)   →   Quentin: jeden Tag ins Museum??? ☹
(6)   –   Vorschlag Antonio: Barcelona wie 9a im letzten Jahr
(7)   →   Selina + Carl: keiner kann Spanisch!!! (Antonio kann doch!?)
(8)   →   Andela: Flugangst!!!
(9)   →   Ranya: in Barcelona beides: Stadt und Meer! + gutes Wetter!
(10) –   Murat: gehört von Cousin: Klassenfahrt auf Segelschiff, 1 Wo. segeln auf Ostsee
(11) →   Clara: ihr Traum, schon mal gesegelt mit Eltern, nächsten Sommer Kreuzfahrt!
(12) →   Lukas: alle werden seekrank und kotzen!!! ☹ (Typisch Lukas!)
(13) →   Max: geniale Idee! (Finde ich auch!)
(14) –   Frau Kühne: Abstimmung! Ergebnis: Berlin: 7; Barcelona: 3; Segelfahrt: 10!!!
(15) –   Wer sucht nach Angeboten im Internet? Max, Clara, Lina
(16) →   stellen Ergebnisse am Mi. vor (3. Stunde)
(17) –   Wer ruft dann Anbieter an? Ranya, Sarah (Info zu Termin, Preis)
(18) –   Woher Geld für Klassenfahrt???
(19) →   Bela: ~~Bank ausrauben! Haha!~~ ☹
(20) →   Max: jeden Monat sparen, Geld monatlich in Klassenkasse
(21) →   Konstantin: Kuchen auf Adventsbasar verkaufen
(22) →   Marie: Versteigerung bei Weihnachtsfeier mit Eltern
(23) →   Fr. Kühne: Besprechung am Mi.

---

2 Du sollst mit Hilfe des Stichpunktzettels von Merle (↗ Seite 63) ein Ergebnisprotokoll zu der Besprechung schreiben. Mache zunächst Notizen zu den Adressaten des Protokolls, zum Ziel (Zweck), zum Thema und zum Vorwissen der Adressaten.

Adressaten: _____

Ziele: _____

_____

Thema: _____

Vorwissen der Adressaten: _____

Das Protokoll planen

Schritt 2 ←

1 Lies die Stichpunkte (↗ Seite 63) noch einmal und streiche alle unwichtigen Informationen, persönliche Meinungen und unsachlichen Kommentare durch.

2 Ordne die verbleibenden Stichpunkte den folgenden Tagesordnungspunkten (TOPs) zu. Schreibe Stichpunkte in dein Heft.

> **Klassenfahrt**
>
> TOP 1: Reiseziel
>
> TOP 2: Organisation
>
> TOP 3: Finanzierung

3 Fülle den Protokollkopf mit Hilfe der Angaben auf dem Stichpunktzettel (↗ Seite 63) aus.

Überschrift: _____

Ort: _____   **Zeit:** _____

Anwesend: _____

_____

_____

Entschuldigt: _____

Leitung: _____   **Protokoll:** _____

Das Protokoll schreiben

1 Lies die Sätze A–G. Auf welche Stichpunkte (↗ Seite 63) beziehen sie sich? Ordne sie zu und notiere die richtige(n) Nummer(n) hinter jeden Satz.

→ **Schritt 3**

		Stichpunkt(e)
A	Max, Clara und Lina erklären sich bereit, im Internet nach Angeboten zu recherchieren.	(15)
B	Einige Schülerinnen und Schüler äußern Bedenken wegen der Fremdsprache und des notwendigen Fluges.	
C	Max schlägt vor, jeden Monat einen bestimmten Betrag zu sparen und in die Klassenkasse einzuzahlen.	
D	Es wird eingewendet, dass eine solche Fahrt zu teuer sein könnte.	
E	Der Vorschlag wird wegen der guten Einkaufs- und Ausgehmöglichkeiten begrüßt.	
F	Als Vorteile werden die Lage am Meer und das gute Wetter genannt.	
G	Ein Schüler befürchtet, dass einige seekrank werden könnten.	

2 Schreibe nun selbst ein vollständiges Ergebnisprotokoll zum Stichpunktzettel auf ↗ Seite 63 in dein Heft. Orientiere dich dabei am Muster auf ↗ Seite 60.

Das Protokoll überarbeiten

1 Jeder der folgenden Sätze aus dem Protokoll zu dieser Besprechung enthält mehrere Fehler. Kreuze an, um welche Fehler es sich jeweils handelt.

→ **Schritt 4**

		unwichtige Information	unsachliche Formulierung	falsche Zeitform	direkte Rede
A	Sarah sagte: „Das ist ja super zum Shoppen."				
B	Max fand die Idee genial.				
C	Es war mal wieder typisch, dass Lukas gleich ans Kotzen dachte.				

2 Überprüfe dein Protokoll mit Hilfe der Checkliste auf ↗ Seite 66 und überarbeite es.

Teste dich!

Checkliste: Ergebnisprotokolle

Mit der Checkliste kannst du deine Protokolle selbst überprüfen.
Für jedes Protokoll in diesem Heft findest du eine Spalte.

Verwende folgende Markierungen:

++   Hier erfüllt dein Protokoll die Anforderungen voll.

+   Hier erfüllt dein Protokoll die Anforderungen mit nur wenigen Fehlern.

+/–   Hier gibt es einige Fehler. Du solltest in Zukunft genauer auf diesen Punkt achten.

–   Hier gibt es noch viele Fehler. Du musst diesen Punkt üben.

	Text 1	Text 2
Aufbau		
Protokollkopf, Hauptteil und **Protokollschluss** sind vorhanden.		
Der Aufbau wird durch **Absätze** verdeutlicht.		
Der **Hauptteil** ist nach den Tagesordnungspunkten gegliedert.		
Im Hauptteil bildet jeder Tagesordnungspunkt einen **Absatz**.		
Inhalt		
Im **Protokollkopf** werden Informationen zu folgenden Punkten gegeben: ◗ der Titel der Veranstaltung mit Datum (Überschrift), ◗ der Ort, ◗ der Zeitraum, ◗ die Anwesenden, ◗ die Abwesenden, ◗ die Leiterin / der Leiter, ◗ die Protokollantin / der Protokollant und ◗ die Tagesordnungspunkte (TOPs) genannt.		
Der **Hauptteil** enthält genauere Informationen zu den einzelnen Tagesordnungspunkten (TOPs).		
Im **Protokollschluss** stehen Ort und Datum der Abfassung des Protokolls und die Unterschrift der Protokollantin / des Protokollanten.		
Das Protokoll enthält **keine Darstellung von Gefühlen oder persönlichen Meinungen** der Protokollantin / des Protokollanten.		

	Text 1	Text 2
Ausdruck		
Das Protokoll ist im **berichtenden Stil** geschrieben.		
Im Protokoll wird **keine wörtliche Rede** verwendet.		
Die **Wortwahl** ist sachlich und genau.		
Die **Sätze** sind korrekt und vollständig.		
Die **Sätze** sind logisch miteinander verknüpft.		
Unnötige Wortwiederholungen werden vermieden.		
Die **Satzanfänge** sind abwechslungsreich.		
Rechtschreibung		
Die Regeln der **Groß- und Kleinschreibung** werden beachtet.		
Die **lang gesprochenen Vokale** werden richtig geschrieben.		
Die **Schreibung nach kurz gesprochenen Vokalen** ist korrekt.		
Die **s-Laute** sind richtig geschrieben.		
Die Regeln der **Getrennt- und Zusammenschreibung** werden beachtet.		
Grammatik		
Die **Zeitform Präsens** wird eingehalten.		
Die **Satzschlusszeichen** (. / ? / !) sind richtig gesetzt.		
Die **Kommasetzung bei Aufzählungen** wird beachtet.		
Die **Kommasetzung zwischen Haupt- und Nebensätzen** wird beachtet.		
Äußere Form		
Die **Handschrift** ist gut lesbar.		
Der **Rand** wird eingehalten.		
Korrekturen im Text sind sauber ausgeführt.		

Wiederholen und vertiefen

Ein Ergebnisprotokoll schreiben

1 Lies den Stichpunktzettel, den ein Schüler der Klasse 8b der Schiller-Schule während einer Klassenbesprechung zur Finanzierung der Klassenfahrt angefertigt hat.

Besprechung Finanzierung der Klassenfahrt, 25. 10. 20..   Max Ruf, 8b
10:00 – 10:45 Uhr, Klassenzimmer

Da: Frau Kühne (Klassenlehrerin), Selina, Deniz, Sophia, Marie, Ranya, Lina, Sarah, Clara, Antonio, Emilia, Bela, Murat, Quentin, Konstantin, Lukas, Max, Kevin, Carl, Benjamin
Nicht da: Andela, Tom (krank)

- Fr. Kühne: Ideen – wie Geld für Fahrt verdienen?
- Konstantin: Kuchen verkaufen auf Adventsbasar
- Bela: langweilig; Lukas: nicht schon wieder!!! (Genau!!!)
- Marie: etwas verkaufen oder versteigern?
→ Ideen: alte CDs (Murat), altes Spielzeug (Quentin) ☺, Klamotten (Sarah)
- Idee Sophia: verrückte Modenschau mit alten Klamotten, anschließend diese versteigern
  COOL!!!
- Selina: Genau! Name für Modenschau: „Crazy Christmas"
- Bela: hat Elchgeweih!
- Lukas: hat blinkende Weihnachtsmannmütze ☹
- Ranya: übernimmt Make-up!
- Fr. Kühne: Abstimmung!!!
  Kuchenverkauf: 3 Stimmen / Verkauf alter Gegenstände: 5 Stimmen / Modenschau mit
  anschließender Versteigerung 11 Stimmen
- Fr. Kühne: Organisation nächste Deutschstunde besprechen!

2 a) Streiche alle unwichtigen und unsachlichen Stichpunkte durch.

b) Entscheide dich, ob du nun die Aufgaben 3–5 (○●) bearbeiten möchtest oder gleich zur Aufgabe 6 (●●) gehen willst.

3 Welche Angaben fehlen in diesem Protokollkopf zu der Besprechung?
Kennzeichne jeweils die Stelle und notiere die fehlenden Angaben am Rand.

Protokoll der Klassenbesprechung **zum Thema „Finanzierung der Klassenfahrt"**	
Ort: Schiller-Schule	
Anwesend: Frau Kühne (Klassenlehrerin), Selina, Deniz, Sophia, Marie, Ranya, Lina, Sarah, Clara, Antonio, Emilia, Bela, Murat, Quentin, Konstantin, Lukas, Max, Kevin, Carl, Benjamin	
Leitung: Frau Kühne	

4 Mit Hilfe welcher Verben im Kasten kannst du die folgenden Stichpunkte so umformulieren,
dass du die direkte Rede vermeidest? Schreibe in dein Heft.
Achtung: In einigen Fällen sind mehrere Lösungen möglich.

äußern
ankündigen
fragen
vorschlagen
auffordern
sich dazu
bereit-
erklären

Stichpunkte:

(1) *Frau Kühne: Ideen – wie Geld für Fahrt verdienen?*

(2) *Konstantin: Kuchen verkaufen auf Adventsbasar*

(3) *Marie: etwas verkaufen oder versteigern?*

(4) *Idee Sophia: verrückte Modenschau*

Umformulierung:

(1) *Frau Kühne fragt nach Ideen, ...*

5 Schreibe nun ein vollständiges Protokoll zu dem Stichpunktzettel auf ↗ Seite 68 in dein Heft.

6 Verfasse ein vollständiges Ergebnisprotokoll zu dem Stichpunktzettel auf ↗ Seite 68.

a) Kläre die Schreibaufgabe.

b) Schreibe das Ergebnisprotokoll mit Protokollkopf, Hauptteil und Schluss in dein Heft.

c) Überprüfe dein Protokoll mit Hilfe der Checkliste auf ↗ Seite 66 f. und überarbeite es.

Übungen

Einen argumentativen Artikel verfassen

Die Schreibaufgabe klären

Schritt 1 ←

1 Stell dir folgende Situation vor:
In der Mittagspause gehen viele Schülerinnen und Schüler eurer Schule bei einer Fastfood-Kette essen. In der nächsten Ausgabe eurer Schülerzeitung sollen nun ein Artikel pro (für) Fastfood und ein Artikel kontra (gegen) Fastfood erscheinen.
Schreibe zunächst Stichpunkte zu den folgenden Punkten:

Adressaten: _____

Thema: _____

Ziel: _____

Schreibform: *Argumentieren* _____

Vorwissen der Adressaten: _____

Die Argumentation planen

Schritt 2 ←

2 Ergänze den Cluster. Sammle alle Stichpunkte, die dir zum Thema „Fastfood" einfallen.

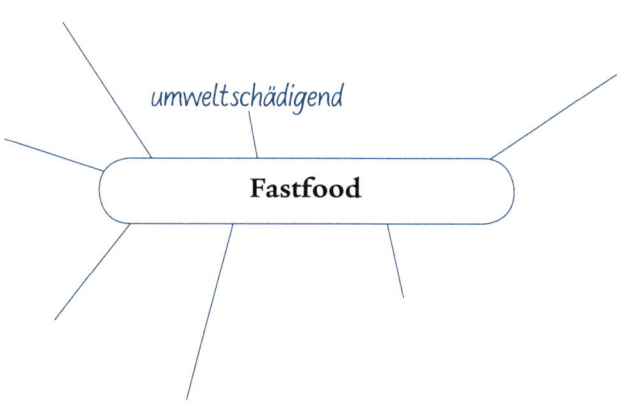

3 Bist du für oder gegen Fastfood? Schreibe deine Meinung in einem ganzen Satz auf.

_____

_____

4 Was spricht für Fastfood (pro) und was spricht dagegen (kontra)? Ordne deine Stichpunkte
aus Aufgabe 2 (↗ Seite 70) in die Tabelle ein und ergänze weitere Stichpunkte.

pro: Argumente für Fastfood	**kontra:** Argumente gegen Fastfood

5 Wenn du jemanden von deiner Meinung überzeugen willst, musst du deine Argumentation
gut aufbauen. Dabei hilft dir folgendes Schema:

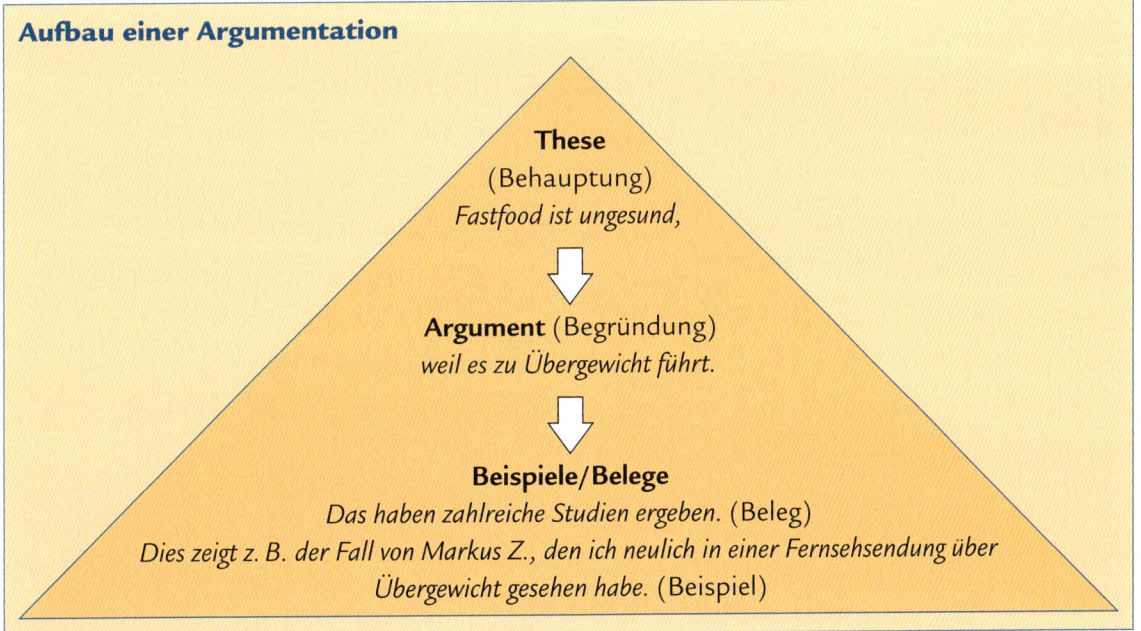

Aufbau einer Argumentation

These
(Behauptung)
Fastfood ist ungesund,

⬇

Argument (Begründung)
weil es zu Übergewicht führt.

⬇

Beispiele/Belege
Das haben zahlreiche Studien ergeben. (Beleg)
*Dies zeigt z. B. der Fall von Markus Z., den ich neulich in einer Fernsehsendung über
Übergewicht gesehen habe.* (Beispiel)

Übertrage das Schema in dein Heft und suche selbst Beispiele für Thesen, Argumente und
passende Beispiele/Belege.

6 In der Tabelle findest du einige Thesen (Behauptungen) zum Thema „Fastfood".
Kreuze an, ob du den einzelnen Thesen eher zustimmst oder sie eher ablehnst.

	stimme voll zu	stimme eher zu	lehne eher ab	lehne total ab
Fastfood ist ausgesprochen praktisch.				
Mit Fastfood-Angeboten spart man Zeit.				
Fastfood ist ungesund.				
Fastfood ist umweltschädigend.				
Fastfood macht dick.				
Fastfood ist abwechslungsreich.				

7 Lies die folgende Unterhaltung zwischen Katharina und Alex zum Thema „Fastfood".

Katharina: „Hey, Alex, Du isst ja schon wieder einen Hamburger!"

Alex: „Hmm, lecker! Hallo Kathi, möchtest du vielleicht einmal abbeißen?"

Katharina: „Nee, danke. Wusstest du, dass fast <u>zwei Millionen Mädchen und Jungen zu dick sind</u>?"

5   Alex: „So ein Unsinn. Ich bin jedenfalls nicht zu dick, ich finde Hamburger lecker."

Katharina: „Das ist kein Unsinn, das habe ich in der Zeitung gelesen. Da stand auch, dass
Fastfood kaum Nährstoffe enthält, sondern fast nur Kalorien. In Ketchup zum Beispiel steckt
jede Menge Zucker."

Alex: „Na und? Ich mache viel Sport, da verbrauche ich die Kalorien doch locker wieder.

10   Jedenfalls ist ein Pausenbrot total öde und viel Zeit zum Essen haben wir ja auch nicht.
Da ist so ein Imbiss an der Ecke doch super praktisch."

Katharina: „Wieso, man kann doch viele verschiedene Dinge mitbringen, zum Beispiel Obst
oder Joghurt! Und ein Brot kann ich auch immer anders belegen, das ist gar nicht langweilig,
sondern gesund und meistens sogar viel billiger."

15   Alex: „Du und dein Ökotrip! Das nervt echt! Ich esse gerne Fastfood und bin kerngesund und
sportlich. Komm, wir laufen um die Wette, da wirst du ja sehen, wie gut ich drauf bin.
Mal sehen, ob deine Ökoenergie da mithalten kann."

Katharina: „Du verstehst überhaupt nicht, was ich meine! Wenn du dich
nur von Fastfood ernährst, wirst du bald nicht mehr so schnell laufen

20   können, dann fehlen dir nämlich Nährstoffe. Zudem produzierst du jede
Menge Müll."

Alex: „Mag sein, aber dafür muss ich nicht abwaschen!"

8 Welche Meinung vertreten die beiden? Schreibe sie in eigenen Worten auf.

Katharina vertritt die Meinung, dass _____

_____

Alex ist der Auffassung, dass _____

_____

9 **a)** Lies die Unterhaltung der beiden (↗ Seite 72) noch einmal und unterstreiche die Argumente (Begründungen), die sie anführen, um ihre Meinung zu verteidigen.
Benutze für jeden von beiden eine andere Farbe.

b) Schreibe verschiedene Argumente aus dem Text in Stichpunkten in die Tabelle.
Benutze dafür die gleichen Farben, mit denen du sie im Text unterstrichen hast.

c) Argument ist nicht gleich Argument.
Kreuze an, wie überzeugend du die einzelnen Argumente findest.

Argumente	überzeugend	gut	akzeptabel	schlecht
1. *fast zwei Millionen Mädchen und Jungen zu dick*	X			
2.				
3.				
4.				
5.				
6.				
7.				
8.				

10 Für welche Argumente werden im Gespräch (↗ Seite 72) Beispiele oder Belege genannt?
Markiere sie im Text.

11 a) Lies die folgenden Argumente für die These „Fastfood ist ungesund".

A   Die häufigsten Folgen sind Übergewicht und die daraus entstehenden Folgeerkrankungen.

B   Fastfood enthält viel Fett und wenig Vitamine.

C   Fastfood ist meist eintönig.

D   Fastfood sättigt nicht richtig und verführt dazu, immer mehr zu essen.

b) Welches Argument ist deiner Ansicht nach besonders geeignet, um andere zu überzeugen, und welche sind weniger gut geeignet?
Ordne die Argumente nach ihrer Überzeugungskraft. Schreibe Stichpunkte.

1.	weniger überzeugend
2.	⬇
3.	
4.	sehr überzeugend

Argumente ordnen

Um andere von einer Meinung zu überzeugen, sollten die Argumente in eine
sinnvolle Reihenfolge gebracht werden, z. B. **vom schwächsten Argument** am Anfang
zum stärksten Argument am Schluss der Argumentation.

12 a) Überlege dir mindestens drei Argumente für die These „Fastfood ist praktisch".
Schreibe sie unten auf.

b) Ordne deine Argumente nach ihrer Überzeugungskraft:
1 = wenig überzeugend, **2** = überzeugend, **3** = sehr überzeugend.

A _____

B _____

C _____

Den Artikel schreiben

→ **Schritt 3**

1 In der Einleitung solltest du:

- deine Leserinnen und Leser neugierig auf deine Argumentation machen,

- das Thema deiner Argumentation benennen und

- kurz deine Meinung zu diesem Thema formulieren.

a) Entscheide dich, ob du einen Artikel pro (für) oder kontra (gegen) Fastfood schreiben möchtest.

b) Wähle einen der folgenden Textanfänge aus und vervollständige die Einleitung. Nenne das Thema und formuliere kurz deine Meinung dazu. Schreibe in dein Heft.

A   In jeder Mittagspause kann man es wieder beobachten: …

B   Manchmal ist es wichtig, praktisch zu denken: …

C   In unserer Schule gibt es zwei Fraktionen: …

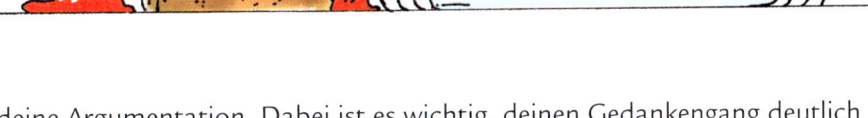

2 Der Hauptteil enthält deine Argumentation. Dabei ist es wichtig, deinen Gedankengang deutlich zu machen und These, Argument und Beispiel/Beleg sinnvoll zu verknüpfen.

Formuliere die folgenden Stichpunkte zu einer Argumentation aus. Die Formulierungen in der Randspalte helfen dir bei der Verknüpfung von These, Argument und Beispiel/Beleg.

	These (Meinung/Behauptung)	**Argument** (Begründung)	**Beispiel/Beleg**
kontra Fastfood	Fastfood ist ungesund.	macht dick und führt dadurch zu Folgeerkrankungen	Probleme mit Gelenken, Rücken, Bluthochdruck, Herzkrankheiten
pro Fastfood	Fastfood ist praktisch.	kurze Mittagspause, wenig Zeit notwendig, schnelle Bedienung am Tresen	dienstags zwischen 6. und 7. Std. nur ½ Stunde Zeit, Pommes in 5 Min. fertig; in Schulkantine oft 25 Min. Wartezeit

3 Formuliere mindestens eine weitere Argumentation pro und eine kontra Fastfood aus. Du kannst deine Notizen aus Aufgabe 4 und 5 von ↗ Seite 71 nutzen.

These:

Meiner Meinung nach …

Ich denke, dass …

Aus meiner Sicht …

Meiner Ansicht nach …

Jeder weiß …

Argument:

weil

daher

denn

da

Beispiel/ Beleg:

Beispiele dafür sind …

Dies zeigt sich z. B. …

Dies belegt …

Aus eigener Erfahrung …

Einen argumentativen Artikel verfassen

Zum einen …

Zum anderen …

Zunächst muss man bedenken …

Eine wichtige Rolle spielt …

Zum Ersten …

Viel wichtiger ist …

Besonders wichtig ist aber …

Vor allem …

Schließlich …

4 a) Entscheide dich, welches der Pro-Argumente und welches der Kontra-Argumente (Aufgabe 2 und 3, ↗ Seite 75) aus deiner Sicht wichtiger ist.
Markiere es mit einem Ausrufezeichen.

b) Verknüpfe die Pro- und die Kontra-Argumente jeweils zu einer Argumentationskette.
Ordne die Argumente dabei so an, dass du erst das weniger wichtige Argument nennst und dann das wichtigere. Schreibe in dein Heft.

5 Für die Formulierung des Schlusses gibt es verschiedene Möglichkeiten.
Wähle eine der folgenden Möglichkeiten aus und ergänze sie.

Zusammenfassung: *All diese Argumente zeigen, dass …*

Abschließendes Urteil: *Mein Fazit aus dieser Argumentation ist …*

Vorschlag/Empfehlung für die Zukunft: *Ich empfehle daher …*

Aufruf/Appell: *Aus den genannten Gründen rufe ich euch dazu auf …*

6 a) Formuliere nun einen kompletten Artikel pro Fastfood oder einen Artikel kontra Fastfood, mit dem du die Leserinnen und Leser von deiner Meinung überzeugen kannst.
Beachte dabei die Punkte im Merkkasten.

b) Suche eine passende Überschrift für deinen Artikel. Sie soll das Thema knapp und genau benennen.

Einen argumentativen Text schreiben

In der **Einleitung** nennst du das **Thema**, auf das sich dein Artikel bezieht, und formulierst kurz deine **Meinung** zu diesem Thema.

Der **Hauptteil** enthält deine Argumentation nach folgendem Muster:

1 Formuliere deine **These** (Meinung) zum Thema.

2 Führe deine **Argumente** für diese These **nach Wichtigkeit geordnet auf**.

3 Stütze deine Argumente mit **Beispielen** und/oder **Belegen**.

Im **Schluss** kannst du die Ergebnisse zusammenfassen, ein abschließendes Urteil formulieren, einen Vorschlag für die Zukunft machen oder zu etwas aufrufen (Appell).

Den Artikel überarbeiten

1 Überprüfe deinen Artikel mit Hilfe der Checkliste auf ↗ Seite 77 f.

2 Schreibe deinen überarbeiteten Artikel vollständig und sauber in dein Heft.

Teste dich!

Checkliste: Argumentative Artikel

Mit der Checkliste kannst du deine Texte selbst überprüfen.
Für jeden deiner Texte hast du eine Spalte.

Verwende folgende Markierungen:

++   Hier erfüllt dein Text die Anforderungen voll.

+   Hier erfüllt dein Text die Anforderungen mit geringen Fehlern.

+/– Hier finden sich einige Fehler. Du solltest in Zukunft noch genauer auf diesen Punkt achten.

–   Hier finden sich noch viele Fehler. Du musst unbedingt noch üben.

	Text 1	Text 2
Aufbau		
Überschrift, Einleitung, Hauptteil und **Schluss** sind vorhanden.		
Der Artikel ist durch **Absätze** sinnvoll und übersichtlich gestaltet.		
Inhalt		
Die **Überschrift** benennt das Thema knapp und genau.		
In der **Einleitung** wird ○ die Leserin / der Leser neugierig gemacht, ○ das Thema des Artikels genannt und ○ kurz die Meinung der Autorin / des Autors dargestellt.		
Der **Hauptteil** enthält die Argumentation. ○ Die **Argumente sind steigernd angeordnet** (vom weniger wichtigen Argument zum wichtigsten Argument).		
○ Die Argumentation hat folgenden Aufbau: 1. **These** (Meinung), 2. **Argumentation** (Begründung) und 3. **Beispiel/Beleg**.		
Der **Schluss** enthält entweder ○ eine **kurze Zusammenfassung**, ○ ein **abschließendes Urteil**, ○ einen **Vorschlag** oder ○ einen kurzen **Appell**.		

	Text 1	Text 2
Ausdruck		
Die **Wortwahl** passt zum Thema, zum Ziel, zur Schreibform und zu den Adressaten.		
Die einzelnen Teile der Argumentation sind mit **passenden Konjunktionen** (z. B.: *weil, da, und, nun, deshalb, daher …*) verknüpft.		
Die einzelnen Argumentationen sind mit **passenden Überleitungen** zu einer Argumentationskette verknüpft (z. B. *zunächst, hinzu kommt, zum Zweiten, schließlich …*).		
Unnötige Wortwiederholungen werden vermieden.		
Die **Sätze** sind korrekt und vollständig.		
Die **Satzanfänge** sind **abwechslungsreich formuliert**.		
Rechtschreibung/Grammatik		
Die folgenden **Rechtschreibregeln** werden beachtet:		
◑ **Groß-** und **Kleinschreibung**		
◑ **Getrennt-** und **Zusammenschreibung**		
◑ Schreibung von **lang gesprochenen Vokalen**		
◑ Schreibung nach **kurz gesprochenen Vokalen**		
Die **Satzschlusszeichen** (. / ? / !) sind richtig gesetzt.		
Die **Kommasetzung bei Aufzählungen** wird beachtet.		
Die **Kommasetzung zwischen Haupt- und Nebensätzen** ist korrekt.		
Äußere Form		
Die **Überschrift** ist unterstrichen.		
Die **Handschrift** ist gut lesbar.		
Der **Rand** wird eingehalten.		

Lösungen

Seite 6

1 a) Adressat: Polizei
Thema: Vermisstenanzeige
Ziel: vermisste Person wiederfinden
Schreibform: Personenbeschreibung
Vorwissen des Adressaten: kein Vorwissen

b) Adressaten: Anwesende, fehlende
Schüler/innen, evtl. andere Schüler/innen und
Lehrer/innen der Schule
Thema: Themen und Beschlüsse der
Schülersprecherversammlung
Ziel: Inhalt und Verlauf der Schülersprecher-
versammlung dokumentieren und Nicht-
Anwesende informieren
Schreibform: Protokollieren
Vorwissen der Adressaten: unterschiedliches
Vorwissen

c) Adressat: Schulleitung
Thema: Einrichtung einer Halfpipe
Ziel: Schulleitung überzeugen, eine Halfpipe auf
dem Schulhof zu installieren
Schreibform: Argumentieren
Vorwissen des Adressaten: Gegebenheiten des
Schulhofs

Seite 7

1 *So könnte deine Lösung aussehen:*
Homer Simpson:
- **Aussehen:** wenig Haare, gelb, füllig, weißes
  T-Shirt, blaue Hose
- **Eigenschaften:** tollpatschig, bequem/faul,
  manchmal aufbrausend, aber insgesamt
  guter Vater und Ehemann
- **Familie:** Marge (Frau), Bart, Lisa, Maggie
  (Kinder)
- **Sonstiges:** liebt Donuts und Bier, arbeitet im
  Atomkraftwerk, besucht regelmäßig seine
  Stammkneipe

2 *So könnte deine Lösung aussehen:*
**Sollte an unserer Schule eine einheitliche
Schulkleidung eingeführt werden?**

Pro	Kontra
❍ betont Gemeinschafts-gefühl	❍ Einschränkung freier Kleiderwahl
❍ stärkere Identifikation mit der Schule	❍ Schulkleidung oft hässlich, steht nicht jedem
❍ keine Diskriminie-rung von Kindern wegen „falscher" Kleidung	❍ nicht individuell
	❍ Gleichmacherei
❍ kein Markenwahn	❍ Schüler/innen wissen trotzdem, wer viel Geld hat und wer wenig
❍ weniger Angebereien	
❍ spart Zeit bei der Kleiderwahl	❍ ...
❍ ...	

Seite 8

3 b) *So könntest du markiert haben:*

―――― = rot
------- = gelb
.... = blau
_____ = grün

50 Riesen
Alice Gabathuler

„Da rüber?" Skinnys blasses Gesicht könnte
locker einen Wettstreit mit dem Vollmond auf-
nehmen, der sein Licht auf das Metall vor ihnen
wirft. „Ist ein Spaziergang", behauptet Outlaw.
Er setzt seinen rechten Fuß auf die untere Strebe, hält sich an der oberen fest und beginnt,
sich gut vierzig Meter über dem Boden am
Kranarm entlangzuhangeln.
Zodiac wischt mit dem Handrücken den
Schweiß von der Stirn. Von unten hat die Sache
viel einfacher ausgesehen. „Na, dann mal los",
murmelt er und folgt Outlaw, der die Hälfte der
Strecke schon hinter sich hat. [...] Er wagt einen
Blick zurück. „Skinny? Alles okay bei dir?"
„Okay?" [...] „Aber sicher doch. Ich wollte mir
schon immer mal den Hals brechen." „Dazu
musst du erst losgehen, du Pfeife!", ruft
Outlaw. „Sehr witzig."

Der Kran ist eine kurzfristige Planänderung. Skinny war dafür gewesen, ein Fenster einzuschlagen und von innen her auf den Turm zu gelangen, doch Outlaw will zur Legende werden. Jeder Depp kann eine Scheibe einschlagen und eine Treppe hochgehen. Aber bei Vollmond einen Kran erklimmen, über den Arm balancieren und sich dann auf das Dach abseilen: Das ist der Stoff, aus dem Helden gemacht werden. [...]
Der neue Betonbau im Steinbruch ist weiterhin gut sichtbar, gut dreißig Meter hoch und eigentlich bestimmt zur Kiesverwertung. Für die drei Kumpel auf dem Kran erfüllt er jedoch einen ganz anderen Zweck. Er ist die perfekte Fläche für ihren *tag*, den unverkennbaren Schriftzug der ZORROWS. Nicht unten, sondern ganz zuoberst, gleich unter dem Dach.

c) *So könnte deine Lösung aussehen:*
- ⬤ Outlaw hangelt sich an Kranarm entlang, Skinny ist blass und zögert noch
- ⬤ Zodiac folgt Outlaw, Skinny zögert weiter
- ⬤ Skinny wollte eigentlich Fenster einschlagen, aber Outlaw will zur Legende werden; die drei Kumpels wollen ihren *tag* ganz oben auf neuen Betonbau im Steinbruch sprayen

Seite 9

1 *So könnte deine Lösung aussehen:*
- ⬤ (2) Skinny ist blass wie Vollmond +/–
- ⬤ (1) Skinny, Zodiac, Outlaw klettern nachts auf Kranarm +
- ⬤ – ~~Zodiac schwitzt~~
- ⬤ (3) Skinny ist ängstlich +/–
- ⬤ – ~~Outlaw bezeichnet Skinny als Pfeife~~
- ⬤ (4) Outlaw will zur Legende werden +
- ⬤ – ~~jeder kann Scheibe einschlagen~~
- ⬤ (5) wollen sich auf Dach eines Turms im Steinbruch abseilen +
- ⬤ (6) Ziel: tag auf Turm sprayen! +
- ⬤ (7) Schriftzug soll ganz oben unter Dach stehen +/–

Seite 10

2 *So könnte deine Lösung aussehen:*
- .... = blau
- _____ = grün

Tagesordnungspunkte (TOPs):
1. Reiseangebot der Firma „Segeltraum"
2. Terminplanung

- ⬤ (1) Max: bestes Angebot Internetfirma „Segeltraum": Segeln Ostsee, 5 Tage, 149 € +
- ⬤ (5) Clara: dazu Geld für Lebensmittel und Anreise nach Kiel! +
- ⬤ (6) Max: müssen auf Schiff selber kochen +/–
- ⬤   ~~Carl: kann nicht kochen !!!, Marie: Vegetarierin~~
- ⬤ (2) Max: Übernachtung in 2- bis 4-Bett-Kabinen +
- ⬤ (4) Ranya, Sarah: Anbieter schon angerufen, 1. Aprilwoche zu diesem Preis möglich! :-) +
           ~~Max hat in dieser Woche Geburtstag! YIPPIE!!!~~
-    (3) Crew (Skipper und Matrose) im Preis enthalten +

3 *So könnte deine Lösung aussehen:*
pro:
1. spart morgens Zeit
2. verschafft Gemeinschaftsgefühl
3. verhindert Diskriminierung von Kindern mit „falscher" Kleidung

kontra:
1. hässlich
2. Einschränkung freier Kleiderwahl
3. Schüler/innen wissen trotzdem, wer viel Geld hat und wer wenig

Seite 11

1 Erzählung über ein Naturereignis → anschauliche Formulierungen, vielfältige Sinneseindrücke
Inhaltsangabe eines Buches → sachlich, knapp, keine Ausschmückungen
Beschreibung eines verlorenen Gegenstandes → sachlich, sehr genau, passende Adjektive
Tagebucheintrag → Gefühlsschilderungen, auch Umgangssprache, Gedankensprünge

2 Wörter des Sagens
eignen sich eher für eine Erzählung:
quatschen, stammeln, flüstern, zischeln, maulen, tuscheln, fluchen

eignen sich eher für ein Protokoll:
hervorheben, vorschlagen, hinweisen, ergänzen, berichten, kritisieren, zu Bedenken geben

3 *So könnte deine Lösung aussehen:*
A Max berichtet, dass das beste Angebot im Internet das der Firma „Segeltraum" sei. Er hebt hervor, dass fünf Tage inkl. Crew dort nur 149 € kosten.
B Clara gibt zu Bedenken, dass zum Reisepreis noch das Geld für Lebensmittel dazukäme und weist darauf hin, dass auch die Anreise nach Kiel noch extra bezahlt werden müsse.
C Ranya berichtet, dass sie den Anbieter schon angerufen habe und dass es in der 1. Aprilwoche noch klappen würde. Sie ergänzt, dass es der gleiche Preis sei, den Max schon genannt habe.

Seite 12

1 (oben) „Mir ist, als würde ich in einer Sackgasse feststecken, ohne Möglichkeiten zum Wenden. Es muss doch einen Ausweg geben!"
→ C = Verzweiflung

„Ich fühle mich, als wären meine Füße einbetoniert. Die Gefahr kommt unaufhaltsam auf mich zu. Ich möchte fortlaufen, aber ich kann mich nicht vom Fleck rühren." → B = Panik

„Wenn ich daran denke, könnte ich in die Luft gehen! Ich sehe nur noch rot!" → A = Wut

2 (oben) *So könnte deine Lösung aussehen:*
Freude/Glück
Liebes Tagebuch,
du wirst es nicht glauben, denn ich kann es ja selbst kaum glauben! – ER hat im Kino meine Hand genommen und gaaanz lange gehalten und mich nach dem Film geküsst! Ich hatte ganz weiche Knie, und mir ist schwindelig geworden vor lauter Aufregung und Freude! Er hat mich nach Hause gebracht. Ich bin den ganzen Weg über förmlich „geschwebt". Kannst du's dir vorstellen? Patrick und ich! Ich könnte platzen vor Glück! Das hatte ich mir schon sooo lange gewünscht, und jetzt ist mein Wunsch endlich wahr geworden! Endlich!!!
Deine total verliebte Josefine

1 (unten) *So könnte deine Lösung aussehen:*
- ⊘ **Einleitung einer Argumentationskette:**
  Zunächst muss gesagt werden ..., Eine wichtige Rolle spielt ..., Ein wichtiger Aspekt (Vor-/Nachteil) ist ...
- ⊘ **Anknüpfung weiterer Argumente:**
  Hinzu kommt ..., Darüber hinaus ist zu berücksichtigen ..., Ähnliches gilt auch ..., Ferner spricht dafür/dagegen ...
- ⊘ **Die Argumentationskette abschließen:**
  Ausschlaggebend ist wohl ..., Vor allem darf nicht vergessen werden ...

2 (unten) *So könnte deine Lösung aussehen:*
pro:
Zunächst muss gesagt werden, dass eine einheitliche Schulkleidung vor allem viel Zeit am Morgen spart, denn man muss nicht ewig vor dem Kleiderschrank stehen und überlegen, was man heute anziehen könnte. Früher habe ich viel Zeit mit dieser Frage verplempert.
Hinzu kommt, dass eine einheitliche Schulkleidung ein stärkeres Gemeinschaftsgefühl unter den Schülerinnen und Schülern fördert und die Identifikation mit der Schule erhöht, weil alle einheitlich gekleidet sind und für alle an der Kleidung erkennbar ist, auf welche Schule man geht. Ich werde sogar häufig in der Stadt darauf angesprochen, dass ich wohl auf diese tolle Erich-Kästner-Schule ginge. Ausschlaggebend für mich ist jedoch, dass so die Diskriminierung von Kindern verhindert wird, die sich keine teure Markenkleidung leisten können. Dies zeigt die Erfahrung in der Schule meiner Schwester, in der bereits ein Versuch mit einheitlicher Schulkleidung gemacht wurde. Bereits nach wenigen Wochen spielten Markenklamotten und andere Angebereien keine große Rolle mehr unter den Schülerinnen und Schülern.
kontra:
Eine wichtige Rolle bei der Frage nach der Einführung einheitlicher Schulkleidung spielt für mich, dass die meisten Schuluniformen hässlich sind. Das zeigt ein Blick nach England, wo fast an allen Schulen Schuluniformen getragen werden und nicht selten grasgrüne Poloshirts und ebensolche Kniestrümpfe zu sehen sind. Ein wichtiger Nachteil für mich ist auch, dass man in seiner freien Kleiderwahl eingeschränkt

wird und alle künstlich gleich gemacht werden
sollen. Man wird dadurch nur noch ein Teil
seiner Schulgemeinschaft und die eigene Per-
sönlichkeit kommt dabei zu kurz.
Vor allem darf aber nicht vergessen werden,
dass die Schülerinnen und Schüler mit oder
ohne Uniform wissen, wer viel Geld hat und wer
wenig. Dies erkennt man allein schon an kleinen
Details wie Armbanduhren, der Handymarke
oder teurem Schmuck.

Seite 13

1 und 2 *So könnte deine Lösung aussehen:*
Sollte an unserer Schule eine einheitliche Schulkleidung eingeführt werden?
Meine Antwort ist ein klares „Ja".
Für eine einheitliche Schulkleidung spricht, dass
sie viel Zeit spart, weil man nicht jeden Morgen
überlegen muss, was man anziehen soll. **Das**
wurde schon bei einem dreimonatigen Versuch
mit einheitlicher Schulkleidung in der Klasse
meiner Schwester deutlich.
**Hinzu kommt, dass eine einheitliche Schul-
kleidung die Schüler einer Schule stärker
miteinander verbindet**, weil **diese** die
Gemeinsamkeiten betont und nicht die Unter-
schiede. Das wird vor allem in Ländern wie
England deutlich, in denen grundsätzlich eine
einheitliche Schulkleidung getragen wird.
**Entscheidend ist aber aus meiner Sicht, dass
eine einheitliche Schulkleidung verhindert,
dass** die Schule zum Laufsteg für Markenklamotten **wird, weil alle die gleichen Kleider
tragen müssen und einzelne Schülerinnen und
Schüler nicht mehr mit ihren teuren Kleidungs-
stücken angeben können, während andere,
die sich diese Kleidung nicht leisten können,
ausgegrenzt werden. Dies ist auch der Grund,
warum z. B. in England, wo die sozialen Unter-
schiede oft recht groß sind, an allen Schulen
einheitliche Schulkleidung getragen wird.**

Seite 14

1 Adressat: der Schreibende selbst
Schreibform: Erzählen
Thema: ein Erlebnis / eine wichtige Situation
Ziel: sich mit einer Situation auseinandersetzen,
Gefühle und Gedanken wiedergeben

Seite 17

1 *So könnte deine Lösung aussehen:*
Denkblase 1: Warum hört mir Shaun nicht mal
kurz zu? Ich kann ihm doch alles erklären!
Verflixt, war es denn wirklich so schlimm, was
ich gemacht habe? Ich drehe noch durch, wenn
er mir nicht gleich zuhört.
Denkblase 2: Shaun will mir ernsthaft die
Freundschaft kündigen. Das ist so gemein!
Dabei tut es mir doch wirklich Leid. Ich
habe ihm doch alles erklärt! Warum habe ich
Shaun nur so enttäuscht?
Denkblase 3: Shaun! Bitte geh jetzt nicht!
Wir waren doch wie Brüder ... Oh nein, ich
habe alles kaputt gemacht.

2 (1) Alan hat Naomi geholfen, ihren Schock
zu überwinden. Dafür hat er seinen Freund
Shaun beim Schlagballspielen oft allein
gelassen und ihm nicht die Wahrheit
gesagt.
(2) Shaun hat Alan und Naomi zusammen auf
der Straße gesehen.
(3) Shaun geht ohne Alan zur Schule los, weil
er nichts mehr mit ihm zu tun haben
möchte.
(4) Alan verlangt ein klärendes Gespräch,
Shaun gibt ihm eine Minute zum Reden.
(5) Alan versucht, seinem Freund die Sache mit
Naomi zu erklären.
(6) Shaun macht Alan Vorwürfe, weil dieser
ihn angelogen hat, statt ihm zu vertrauen.
(7) Alan entschuldigt sich bei seinem Freund.
(8) Shaun möchte, dass er und Alan sich in
Zukunft aus dem Weg gehen.
(9) Shaun lässt Alan alleine stehen und geht
zur Schule, Alan bleibt traurig zurück.

Seite 18

3 a) *Das könntest du markiert haben:*
Z. 14 ff., Z. 21 ff., Z. 40 f., Z. 56 ff., Z. 63, Z. 70,
Z. 76, Z. 79 ff., Z. 101 ff.

b)
1 trifft nicht zu; Textstelle: Z. 14 ff.
2 trifft zu; Textstelle: Z. 70 f.
3 trifft nicht zu; Textstelle: Z. 45 f.
4 trifft nicht zu; Textstelle: Z. 77 f.
5 trifft zu; Textstelle: Z. 77 f.
6 trifft zu; Textstelle: Z. 79 ff.

7 trifft zu; Textstelle: Z. 95

c) *So könnte deine Lösung aussehen:*
1   Alan tut nur, als würde ihm Shauns Verhalten nichts ausmachen. In Wirklichkeit ist er
sehr traurig über die Situation.
3   Alan bereut nicht, dass er Naomi geholfen
hat. Er bereut nur, dass er Shaun nicht
vertraut hat.
4   Shaun ist verletzt, weil Alan ihn belogen hat
und ihm nicht vertraut hat.

Seite 19

1 emotionale Ausdrücke: Ich bin wütend auf
Alan, furchtbar wütend.
Umgangssprache: So ein blöder Idiot!
Gedankensprünge: Auf dem Schulweg hat er
mich zur Rede gestellt. … Na, jedenfalls lief
er auf dem Schulweg plötzlich hinter mir und
Tony her und wollte reden …
offene Fragen: Was bildet er sich eigentlich ein?

Seite 20

3 1 → B
2 → C
3 → A

4 *So könnte deine Lösung aussehen:*
Liebes Tagebuch,
ich bin so enttäuscht von Shaun! Ich weiß gar
nicht, was ich machen soll. Ich habe heute
versucht, mit ihm zu sprechen, aber er hat mir
nicht einmal richtig zugehört.

5 Ich habe nicht locker gelassen, …→ Diese
Situation konnte ich einfach nicht auf sich
beruhen lassen. …
Shaun meinte, ich hätte ihm gleich alles sagen
können. … → Ich habe ihn also völlig falsch
eingeschätzt. …
Ich habe mich dann bei Shaun entschuldigt. →
Doch im gleichen Moment …

Seite 21

6 *So könnte deine Lösung aussehen:*
Shaun hat meine Entschuldigung nicht angenommen. Er hat von mir verlangt, dass wir uns
voneinander fernhalten. Ich ärgere mich so,
dass ich ihm nicht gleich gesagt habe, warum
ich nicht mehr so viel Zeit für ihn habe. Nun ist

er natürlich von mir enttäuscht und will nichts
mehr mit mir zu tun haben.
Schließlich habe ich wie der letzte Depp auf
der Straße gestanden und geheult. Am liebsten
wäre ich im Boden versunken. Es war mir so
peinlich vor Shaun und den anderen. Und
Shaun wirkte immer noch cool.

7 *So könnte deine Lösung aussehen:*
Shaun hat meine Entschuldigung nicht angenommen. Er hat von mir verlangt, dass wir uns
voneinander fernhalten. Ich ärgere mich so,
dass ich ihm nicht gleich gesagt habe, warum
ich nicht mehr so viel Zeit für ihn habe. Nun ist
er natürlich von mir enttäuscht und will nichts
mehr mit mir zu tun haben. Ich habe mich so
elend gefühlt, weil Shaun und ich uns bisher
immer zugehört haben. Wir waren wie Brüder!
Und jetzt tut der dumme Kerl so, als würde er
mich nicht kennen! Und das alles nur, weil ich
ihm nicht gleich die Wahrheit gesagt habe.
Dabei wollte ich doch Naomi nur helfen. Sie hat
mich schließlich gebraucht. Hätte ich sie da im
Stich lassen sollen?
Ich bin extra über meinen Schatten gesprungen
und habe Shaun darum gebeten, mir einen
Moment zuzuhören. Wie er mich angesehen
hat! So kalt … Das werde ich sicher nie wieder
vergessen. Nicht im Weg stehen würde er mir
künftig. Wir sollten uns einfach ignorieren.
Was für eine bescheuerte Idee! Schließlich habe
ich wie der letzte Depp auf der Straße gestanden und geheult. Am liebsten wäre ich im
Boden versunken. Es war mir so peinlich vor
Shaun und den anderen. Und Shaun wirkte
immer noch cool. Er hat mir von Anfang an
keine echte Chance gegeben, ihm die Situation
zu erklären. Natürlich war es falsch, dass ich
ihm nicht vertraut habe. Aber es kann doch
nicht sein, dass deshalb unsere Freundschaft
vorbei sein soll!

8 *So könnte deine Lösung aussehen:*
Aber vielleicht ist es wirklich ganz gut, wenn
wir die nächsten Wochen etwas Abstand voneinander nehmen. Es könnte ja sein, dass er
das Spielen mit mir vermisst und einsieht, dass
es auch für mich eine blöde Situation war. Ich
hoffe jedenfalls sehr, dass wir uns dann wieder
vertragen und Shaun mir wieder vertrauen
kann.

Seite 22

2 Adressat: Shaun
Schreibform: Brief
Thema: Erklärung der Situation
Ziel: Beilegen des Streites mit Shaun
Vorwissen des Adressaten: kennt die Ereignisse

1 1 Grußformel
2 Anlass des Briefes (Warum schreibst du den Brief?)
3 ausführliche Darlegung des Anliegens (Was willst du?)
4 Zusammenfassung, Wiederholung
5 Abschiedsformel

Seite 23

2 1 Lieber Shaun,
2 ich schreibe dir diesen Brief, weil ...
3 Erst bei unserem Gespräch habe ich begriffen, dass ...
4 Wahrscheinlich hättest du Naomi genauso gern wie ich. Vielleicht könnten wir ...
   Unsere Freundschaft ist mir so wichtig, dass ich sie nicht einfach so aufgeben kann.
   Deswegen ...
5 Ich hoffe, dass du nun weißt, wie leid mir alles tut. Wenn dir unsere Freundschaft auch etwas bedeutet, dann kannst du mir vielleicht doch irgendwann verzeihen.
6 Viele Grüße
   dein Alan

1 *So könnte deine Lösung aussehen:*
Lieber Shaun,
ich schreibe dir diesen Brief, weil ich dich nicht als Freund verlieren möchte. Erst bei unserem Gespräch habe ich begriffen, dass ich dich mit meinem Verhalten sehr verletzt habe.
Als ich Naomi kennen gelernt habe, ging es ihr nicht sehr gut. Wie ich dir in unserem Gespräch schon gesagt habe, musste sie sehr grausame Dinge miterleben. Deswegen wollte ich ihr helfen. Wahrscheinlich hättest du Naomi genauso gerne wie ich. Aber irgendwie habe ich mich nicht getraut, dir die Wahrheit zu sagen. Ich kann selbst nicht mehr verstehen, warum ich das gemacht habe. Und ich weiß auch, dass gerade das dich so enttäuscht hat. Aber Shaun, ich habe wirklich viel darüber nachgedacht und gemerkt, dass ich keinen Grund hatte, dir

nicht zu vertrauen. Wir waren immer wie Brüder und haben uns alles erzählt. Unsere Freundschaft ist mir so wichtig, dass ich sie nicht einfach so aufgeben kann. Vielleicht könnten wir doch noch mal über alles reden.
Ich hoffe, dass du nun weißt, wie leid mir alles tut. Wenn dir unsere Freundschaft auch etwas bedeutet, dann kannst du mir vielleicht doch irgendwann verzeihen.

Viele Grüße
dein Alan

Seite 26

1 (oben) *Mögliche Markierungen:*
Z. 10 ff., Z. 17 ff., Z. 26, Z. 31, Z. 33, Z. 35 ff., Z. 42 f., Z. 55, Z. 51 f., Z. 62, Z. 67 ff., Z. 77 ff., Z. 85 ff.

So könnte deine Lösung aussehen:
Lieber Alan,
vielen Dank für deinen ehrlichen Brief. Auch ich möchte ehrlich zu dir sein.
Nach dem Gespräch neulich auf dem Schulhof hatte ich das Gefühl, dass wir nie wieder Freunde werden können. Ich war so enttäuscht! Wir kennen uns schon so lange und waren immer ehrlich zueinander. Doch plötzlich hast du begonnen, mich anzuschwindeln, hast es vorgezogen, was mit Naomi zu unternehmen. Das hat mich einfach unglaublich verletzt.
Wie hätte ich denn wissen sollen, dass du ihr helfen wolltest, wenn du nicht mit mir sprichst? Vielleicht sehe ich das falsch, aber Freundschaft bedeutet für mich, dass man immer offen und ehrlich zueinander ist. Du kannst doch nicht geglaubt haben, dass mir das alles egal ist! Ich bin immer noch wütend auf dich, auch wenn ich dich inzwischen vielleicht etwas besser verstehen kann. Manches, was ich aus Wut gesagt habe, tut mir auch leid. Trotzdem glaube ich, dass ich noch etwas Zeit brauche, um wieder mit dir befreundet sein zu können. So wie früher wird es vielleicht nie mehr. Aber auch ich hoffe, dass wir uns irgendwann wieder vertragen können. Dafür ist aber absolute Ehrlichkeit notwendig.

Viele Grüße
dein Shaun

1 (unten) *Das könntest du unterstrichen haben:*

a) Z. 4, Z. 9 ff., Z. 20 ff., Z. 30 ff., Z. 39, Z. 42

Seite 27

b) *So könnte deine Lösung aussehen:*
Denkblase 1: Es ist toll, mit Alan zu spielen!
Ich fühle mich so leicht und könnte tanzen vor
Glück!
Denkblase 2: Es war so fürchterlich … Ich
kriege diese schrecklichen Erinnerungen einfach
nicht aus meinem Kopf. Zum Glück ist Alan
bei mir.
Denkblase 3: Alan schafft es immer wieder,
mich aufzuheitern. Mit ihm ist alles so
unbeschwert.
Denkblase 4: Es tut mir so leid für Alan, dass er
Ärger mit seinem Freund hat. Wenn ich nur
wüsste, wie ich ihm helfen könnte.

c) *So könnte deine Lösung aussehen:*
- Naomi und Alan spielen auf stillgelegtem
  Flugfeld mit Modell-Flugzeug
- Naomi genießt es, Flugzeug hinterherzulau-
  fen, nennt es „gelber Vogel"
- Naomi erzählt Alan, wie Nazis ihren Vater
  erschlugen
- Alan versucht, Naomi zu trösten, ihr Angst
  zu nehmen
- Alan heitert Naomi auf, schwingt ihre Hand
- Alans Stimmung wird schlechter, als sie
  Shaun treffen
- Naomi möchte wissen, warum Alan sauer
  auf Shaun ist
- Alan weicht Naomis Frage aus und beteuert,
  nicht böse auf sie zu sein

d) *So könnte deine Lösung aussehen:*
Liebes Tagebuch,
heute ist so viel passiert, ich weiß gar nicht,
womit ich beginnen soll.
Alan hat mich abgeholt, um den „gelben Vogel"
fliegen zu lassen. Es war so schön! Ich habe
mich so gut gefühlt, dass ich vor Freude über
die Wiese tanzte. Doch dann kamen sie wieder,
diese schlimmen Erinnerungen. Warum muss es
so böse Menschen geben? Es war einfach
schrecklich! Sicher werde ich nie darüber hin-
wegkommen, meinen Vater auf so schreckliche
Art und Weise verloren zu haben. Aber ich
musste es Alan einfach erzählen. Es fühlte sich

in diesem Moment so richtig an. Alan schien
mich auch zu verstehen. Er ist so ein toller
Mensch! Er hat mir gesagt, dass ich keine Angst
zu haben brauche. Wenn es nur so einfach
wäre. Naja, er schien zu merken, dass ich traurig bin und nahm dann einfach meine Hand
und schwang sie nach oben und unten. Ach,
Alan! Ich musste einfach lachen. Wie schön,
dass ich ihn kennen gelernt habe.
Allerdings passierte auf dem Heimweg etwas,
was mich nachdenklich stimmte. Wir trafen
seinen Freund Shaun und die beiden schienen
Streit zu haben. Alan meint, Shaun habe unge-
rechte Sachen zu ihm gesagt. Das tat mir richtig
leid für ihn. Er sah so traurig aus. Anfangs
dachte ich, er sei auch böse auf mich. Aber er
beruhigte mich und meinte, dass ich nichts für
die Situation könne. Doch er sah so traurig aus!
Wenn ich nur wüsste, wie ich ihm helfen
kann …

Seite 28

1 Adressaten: meine Klasse
Schreibform: Inhaltsangabe
Thema: Geschichte „Der Mann, der ein Fluss-
pferd war"
Ziel: Klasse über Inhalt des Textes und Eignung
zum Vorlesen in Grundschule informieren

2 *So könnte deine Lösung aussehen:*
Ich finde die Geschichte gut, weil sie lustig ist
und weil der Mann das tut, worauf er Lust hat.
Ich glaube, dass Grundschüler sie auch lustig
finden.

Seite 30

1 *So könnte deine Lösung aussehen:*
In der Geschichte geht es um einen Mann, der
beschließt, ein Flusspferd zu sein.

2 a) *Das könntest du unterstrichen haben:*
Absatz 1 (Z. 1–9): kaufte sich Buch – *Das ist das
Flusspferd* – habe Lust, Flusspferd zu sein –
ließ … Badewanne voll Wasser, bis nur … Kopf
herausschaute;
Absatz 2 (Z. 10–23): *Das Flusspferd wird auf
Griechisch Hippopotamus genannt* – stieg aus …
Wanne – ging los – „Hippopotamus", sagte der
Mann – kniff die Augen zusammen, plusterte
die Backen auf und trampelte

Absatz 3 (Z. 24–33): *Das Flusspferd frisst sehr großе Mengen Kraut, Gras, Blätter oder Wurzeln,* – „Liebe Frau", sagte der Mann. „Ich möchte sehr große Mengen Kraut, Gras, Blätter oder Wurzeln" – Verkäuferin … legte einen Strauß Petersilie auf die Ladentafel – „Ich nehme hundert Stück – Die hundert Strauß Petersilie stopfte er in sämtliche Taschen

Absatz 4 (Z. 34–63): *Sein Gesang ist ein tiefes Grunzen und ein gelegentliches weithin schallendes Brüllen* – „Das Flusspferd ist auch Künstler" – begab er sich zum Opernhaus – „Bitte lassen Sie mich auf die Bühne … Ich bin Künstler" – nahm … Petersilie, … aß … grunzte tief – begann ebenfalls weithin schallend zu brüllen – So musste der Mann … Opernhaus verlassen

Absatz 5 (Z. 63–70): *Dem Menschen kann das Flusspferd sehr gefährlich werden* – Ich muss es geheim halten. Keiner darf wissen, dass ich in Wirklichkeit nicht Meier, sondern Hippopotamus heiße."

Absatz 6 (Z. 70–75): *Das Flusspferd belebt vor allem die Ströme Afrikas* – ging er zum Fluss und setzte sich da hinein – grunzte … tief und brüllte weithin schallend

b) *So könnte deine Lösung aussehen:*
Absatz 1 (Z. 1–9): dicker Mann kauft Buch über Flusspferd, möchte selbst Flusspferd sein; setzt sich in Badewanne
Absatz 2 (Z. 10–23): liest, dass Flusspferd auf Griechisch Hippopotamus genannt wird – stellt sich Frau Müller mit „Hippopotamus" vor; wird von ihr nicht als Flusspferd erkannt
Absatz 3 (Z. 24–33): liest, dass Flusspferd große Mengen Kraut, Gras, Blätter und Wurzeln isst; kauft 100 Sträuße Petersilie
Absatz 4 (Z. 34–63): liest, dass Gesang des Flusspferds tiefes Grunzen und weithin schallendes Brüllen ist; geht zum Opernhaus, brüllt dort laut und wird rausgeschmissen
Absatz 5 (Z. 63–70): liest, dass Flusspferd gefährlich werden kann, denkt, Menschen haben deshalb Angst, will künftig geheim halten, dass er Flusspferd ist, verhält sich wieder normal
Absatz 7 (Z. 70–75): liest, dass Flusspferd in Strömen Afrikas lebt; geht im Dunkeln zum Fluss, setzt sich hinein, grunzt und brüllt laut

3 *So könnte deine Lösung aussehen:*
Der Text gefällt mir, denn Herr Meier tut das, was er für richtig hält, auch wenn ihn keiner versteht.
Der Text eignet sich für den Lesenachmittag in der Grundschule, weil er für jüngere Kinder gut zu verstehen und lustig ist und trotzdem zum Nachdenken und Reden anregt.

Seite 31

2 Der Einleitungssatz enthält Informationen zu Textart, Titel, Autor, Thema

3 *Das könntest du unterstrichen haben:*
- Er möchte gern ein Flusspferd sein (Z. 3).
- Er liest, dass Flusspferde auf Griechisch auch „Hippopotamus" genannt werden … (Z. 4)
- … stellt sich einer Frau auf der Straße als Hippopotamus vor … (Z. 5)
- Er erfährt aus dem Buch, dass Flusspferde Pflanzenteile fressen … (Z. 6 f.)

Seite 32

4 b) *So könnte deine Lösung aussehen:*
Z. 1–9: Ein dicker Mann kauft sich ein Buch über Flusspferde und möchte dann selbst ein Flusspferd sein. Er setzt sich in die Badewanne und lässt sie mit Wasser volllaufen.
Z. 10–23: Er liest weiter in seinem Buch, dass man ein Flusspferd auch Hippopotamus nennt. Seine Nachbarin spricht ihn mit seinem Namen an, aber er stellt sich ihr als „Hippopotamus" vor.
Z. 24–33: Dann liest er, dass sich Flusspferde von verschiedenen Pflanzenteilen ernähren. Er kauft daraufhin große Mengen Petersilie und isst diese auf.
Z. 34–63: Nachdem er gelesen hat, dass Flusspferde für ihren Gesang aus tiefem Grunzen und lautem Brüllen bekannt sind, begibt er sich in ein Opernhaus und brüllt dort so lange und so laut, bis er hinausgeworfen wird.
Z. 63–70: Daraufhin liest er, dass Flusspferde dem Menschen gefährlich werden können. Von da an hält er vor den Leuten geheim, dass er ein Flusspferd ist und tut künftig das, was alle Menschen tun.
Z. 70–75: Schließlich entdeckt er, dass Flusspferde in den Strömen Afrikas leben. Von da an

setzt er sich manchmal nachts in den Fluss und brüllt laut und schallend, wie er es gelesen hat.

Seite 33

6 *So könnte deine Lösung aussehen:*
B Als er in seinem Buch liest, dass man Flusspferde auch Hippopotamus nennt, stellt er sich so seiner Nachbarin vor.
C Nachdem er gelesen hat, dass Nilpferde viel Kraut essen, kauft er hundert Sträuße Petersilie.

7 *So könnte deine Lösung aussehen:*

a) In der Geschichte „Der Mann, der ein Flusspferd war" von Thomas Rosenlöcher geht es um einen dicken Mann, der gerne ein Flusspferd wäre.

b) Er kauft sich ein Buch über Flusspferde, stellt sich vor, selbst eines zu sein und setzt sich in die mit Wasser gefüllte Badewanne. Anschließend liest er seinem Buch, dass Flusspferde auch Hippopotamus genannt werden; deshalb stellt er sich einer Nachbarin so vor, aber sie versteht ihn nicht. Enttäuscht fährt er mit seiner Lektüre fort und stellt fest, dass Flusspferde sich von verschiedenen Pflanzenteilen ernähren. Er kauft eine riesige Menge Petersilie und isst diese auf. Als er weiter liest, dass Flusspferde für ihren brüllenden Gesang bekannt sind, schließt er daraus, dass sie Künstler sind, begibt sich zum Opernhaus und beginnt dort während der Vorstellung laut mitzubrüllen. Der Operndirektor fordert ihn daraufhin auf, das Opernhaus sofort zu verlassen und beschimpft ihn als Flusspferd. Herr Meier freut sich, dass ihn endlich jemand erkannt hat. Als er liest, dass Flusspferde sehr gefährlich sind, glaubt er zu verstehen, warum alle vor ihm Angst haben. Er beschließt, fortan geheim zu halten, dass er ein Flusspferd ist und sich wieder wie ein Mensch zu verhalten. Nachdem er schließlich aus seinem Buch erfahren hat, dass Flusspferde in den Strömen Afrikas leben, setzt er sich häufig nachts in den Fluss und brüllt weithin hörbar vor sich hin.

c) Mein erster Eindruck von der Geschichte war, dass sie sehr lustig ist. Vor allem finde ich aber auch gut, dass Herr Meier das tut, was er für richtig hält und sich nicht irritieren lässt.

Ich finde, die Erzählung eignet sich sehr gut zum Vorlesen in der Grundschule, weil sie auch für kleinere Kinder unterhaltsam und lustig ist und trotzdem zum Nachdenken und zum Gespräch anregt.

Seite 34

1 + knappe, sachliche Sprache
  – Verwendung von Präsens
  – Auslassen unwichtiger Details
  – Vermeidung von wörtlicher Rede

2 a) *Durchgestrichen werden sollten:*
Er setzt sich in die erste Reihe und isst noch ein Sträußchen Petersilie. (Z. 3) – Die Bühne sieht sehr fremdländisch aus. (Z. 4) – Die Oper ist von Richard Wagner. (Z. 7) – Er isst auch wieder Käse. (Z. 10)

b) *Eingekreist werden müssen folgende Verben:*
wies – kaufte – dachte – war – las – dachte – las

c) weist – kauft – denkt – ist – liest – denkt – liest

d) Der Operndirektor erscheint. Er nennt den Mann ein Flusspferd und befielt ihm, das Haus zu verlassen.

Seite 35

1 Adressaten: Mitschüler/innen
Ziel: Mitschüler/innen über Inhalt der Erzählung informieren, Eignung für Theaterstück prüfen
Thema: Erzählung „Der Verkäufer und der Elch"
Schreibform: Inhaltsangabe
Vorwissen der Adressaten: kein Vorwissen

2 *So könnte deine Lösung aussehen:*
Ich finde die Erzählung lustig, weil es dem Verkäufer gelingt, den Elchen etwas eigentlich für sie Nutzloses zu verkaufen.

Seite 36

1 Die Erzählung erklärt auf lustige Weise die Entstehung des Sprichworts „Einem Elch eine Gasmaske verkaufen".

2 a) *So könnte deine Lösung aussehen:*
- 1. Abschnitt: Zeile 1–5
- 2. Abschnitt: Zeile 6–20
- 3. Abschnitt: Zeile 21–30

b) *So könnte deine Lösung aussehen:*
Wer?: Verkäufer (Z. 6; Z. 11, …); Freunde (Z. 9, …); Elch(e) (Z. 13, …)
Wo?: weit nach Norden … nur Elche wohnten (Z. 11 f., Z. 18, …)
Was passiert?: … ging Verkäufer so weit nach Norden … Elche wohnten (Z. 11 f.); „Guten Tag", sagte er zum ersten Elch … eine Fabrik bauen (Z. 13 ff.); Als die Fabrik fertig war … „Jetzt brauche ich eine Gasmaske." (Z. 21 f.); Die anderen Elche … „Gasmasken", sagte der Verkäufer (Z. 25 ff.)

c) *So könnte deine Lösung aussehen:*
- erfolgreichem Verkäufer wird von Freunden gesagt, er sei erst ein guter Verkäufer, wenn er einem Elch eine Gasmaske verkaufe
- Verkäufer begibt sich in einen Wald im Norden, wo nur Elche leben
- versucht, Elch Gasmaske zu verkaufen
- Elch lehnt ab, da Luft im Wald gut ist
- Verkäufer baut Fabrik im Wald
- wegen giftigen Abgasen aus Fabrik bittet Elch den Verkäufer, ihm doch eine Gasmaske zu verkaufen
- auch andere Elche wollen Gasmasken
- auf die Frage, was er in seiner Fabrik herstelle, antwortet Verkäufer, er stelle Gasmasken her

3 *So könnte deine Lösung aussehen:*
- Erzählung eignet sich für Theaterstück durch verschiedene Figuren/Rollen (Verkäufer, Freunde, Elche) und wörtliche Rede
- Geschichte ist lustig, würde Zuschauer gut unterhalten

Seite 37

4 a) *Folgende Stichpunkte sollten durchgestrichen werden:*
- Verkäufer hat Zahnarzt eine Zahnbürste verkauft
- duzte Verkäufer
- Verkäufer hat noch viele Gasmasken vorrätig

b) ging → geht; lehnte → lehnt; stieß → stößt; wünschte → wünscht; dutzte → dutzt

Seite 38

1 *So könnte deine Lösung aussehen:*
Die Erzählung „Der Verkäufer und der Elch" von Franz Hohler erklärt auf lustige Weise die Entstehung des Sprichwortes „Einem Elch eine Gasmaske verkaufen".

2 a) *So könnte deine Lösung aussehen:*
(1) Er bietet dem Elch eine Gasmaske an.
(2) Der Elch bittet den Verkäufer um eine Gasmaske.
(3) Der Elch fragt den Verkäufer, was er in seiner Fabrik mache.
(4) Der Verkäufer antwortet, er produziere Gasmasken.

b)
- Der Verkäufer sagt ihm, dass er noch viele Gasmasken vorrätig habe.
- Der Elch lehnt mit der Begründung ab, dass die Luft im Wald gut sei.
- Auf die Frage, was er in seiner Fabrik denn verkaufe, antwortet der Mann, dass er Gasmasken herstelle.

Seite 39

3 *So könnte deine Lösung aussehen:*
(1) Er geht nach Norden in den Wald, in dem nur Elche leben.
(2) Er bietet dem Elch eine Gasmaske an. Dieser lehnt jedoch ab.
(3) Der Verkäufer baut in dem Wald eine Fabrik, die giftige Abgase ausstößt.

4 *So könnte deine Lösung aussehen:*
Die Erzählung „Der Verkäufer und der Elch" von Franz Hohler erklärt auf lustige Weise die Entstehung der Redensart „Dem Elch eine Gasmaske verkaufen".
Um zu beweisen, wie geschäftstüchtig er ist, möchte ein Verkäufer auf Rat seiner Freunde Elchen Gasmasken verkaufen. In einem Wald im Norden, in dem nur Elche leben, bietet er einem von ihnen eine Gasmaske an. Dieser hat jedoch kein Interesse, weil die Luft im Wald gut ist. Daraufhin baut der Mann im Wald eine Fabrik, die Abgase ausstößt. Jetzt kommt der Elch zum

Verkäufer, kauft eine Gasmaske und wünscht weitere Gasmasken für die anderen Elche. Auf die Frage, was er in seiner Fabrik denn produziere, antwortet der Mann, dass er Gasmasken herstelle.

Meiner Meinung nach eignet sich die Erzählung sehr gut als Grundlage für ein Theaterstück, denn sie ist lustig und würde die Zuschauer gut unterhalten. Außerdem gibt es viele verschiedene Rollen, die man auf die Schüler aufteilen könnte. Ein weiterer Pluspunkt ist, dass man aus den zahlreichen Textstellen in wörtlicher Rede relativ leicht die Texte für die verschiedenen Rollen formulieren könnte.

Seite 42

1 *Das könntest du unterstrichen haben:*
Klasse – Schülerzeitung – Comic zeichnen – Inhalt kurz der Klasse vorstellen

2 a) *So könnte deine Lösung aussehen:*
Die Geschichte gefällt mir, weil Willi – wie in einem Märchen – für sein Verhalten belohnt wird.

3 In der Erzählung „Das Wunder im Schlachthof" von Franz Hohler geht es um ein sonderbares Erlebnis eines Schlachthofangestellten.

Seite 43

4 a) *Das könntest du markiert haben:*
Abschnitt 1 (Z. 1–5): Schlachthofangestellte Willi – sonderbares Erlebnis – beim Hühnerschlachten – rief ihm ... Huhn zu – ich bin ... verzauberte Prinzessin
Abschnitt 2 (Z. 6–13): hängte das Huhn aus – verzauberte Prinzessin – „Raus!", schrie ... Meister, „und zwar sofort!" – Willi ... Huhn ... in ... Mappe – ging nach Hause – fragte ... was tun ... erlösen – Huhn ... stand als ... Prinzessin in seiner Küche
Abschnitt 3 (Z. 14–21): heirateten – kauften ... Schlachthof – entließen ... Schlachthofmeister – aus dem Schlachthof ein Hühnerparadies – nie wieder eine verzauberte Prinzessin darunter

b) *So könnte deine Lösung aussehen:*
Abschnitt 1:
- ❍ Schlachthofangestellter Willi hat sonderbares Erlebnis beim Hühnerschlachten
- ❍ Huhn bittet ihn, es nicht umzubringen, da es eine verzauberte Prinzessin sei

Abschnitt 2:
- ❍ Willi lässt Huhn am Leben
- ❍ Schlachthofmeister entlässt ihn
- ❍ Willi nimmt Huhn mit nach Hause
- ❍ Huhn verwandelt sich in wunderschöne Prinzessin

Abschnitt 3:
- ❍ Willi heiratet Prinzessin, kauft Schlachthof, entlässt Schlachthofmeister
- ❍ macht aus Schlachthof Hühnerparadies
- ❍ künftig keine verzauberte Prinzessin mehr unter den Hühnern

5 a)
(1) falsche Zeitform
(2) enthält unwichtige Information
(3) wörtliche Rede
(4) falsche Zeitform
(5) Sprache unsachlich

b) *So könnte deine Lösung aussehen:*
(1) Ein Huhn bittet Willi, es nicht zu schlachten.
(2) Willi lässt das Huhn am Leben.
(3) Der Meister entlässt Willi daraufhin.
(4) Das Huhn verwandelt sich bei Willi zu Hause in eine Prinzessin.
(5) Willi beschließt, die Prinzessin zu heiraten.

6 und 7 *So könnte deine Lösung aussehen:*
In der Geschichte „Das Wunder im Schlachthof" von Franz Hohler geht es um ein sonderbares Erlebnis des Schlachthofangestellten Willi.
Ein Huhn bittet Willi eines Tages, es nicht zu schlachten, weil es eine verzauberte Prinzessin sei. Willi lässt das Huhn am Leben und wird deshalb von dem Schlachthofmeister entlassen. Bei Willi zu Hause verwandelt sich das Huhn tatsächlich in eine wunderschöne Prinzessin. Die beiden heiraten und kaufen von dem Geld der Prinzessin den Schlachthof. Sie entlassen den Schlachthofmeister und gestalten den Schlachthof in ein Hühnerparadies um.

Obwohl Willi noch manchmal nachschaut, ob eine weitere verzauberte Prinzessin unter den Hühnern ist, findet er nie wieder eine.

Mir gefällt die Geschichte sehr gut, weil sie etwas sonderbar ist: Sie spielt in einem Schlachthof, hat aber trotzdem eine märchenhafte Handlung. Wie auch im Märchen wird Willi für seinen Mut belohnt.

Aus meiner Sicht eignet sich der Text sehr gut als Vorlage für einen Comic, weil er ungewöhnlich und lustig ist und sich die einzelnen Szenen gut in Bildern darstellen lassen.

Seite 44

1 Adressat: Polizei
Thema: genaue Beschreibung einer Person
Ziel: Person so beschreiben, dass sie identifiziert werden kann
Vorwissen des Adressaten: kein Vorwissen
Schreibform: Personenbeschreibung

2 *So könnte deine Lösung aussehen:*
   1. Größe
   2. Haltung
   3. Kleidung
   4. Haare
   5. Augen
   6. Nase
   7. Mundform
   8. Ohren
   9. Arme
   10. Finger
   11. Beine
   12. Füße
   13. besondere Kennzeichen

3 *So könnte deine Lösung aussehen:*
Der Mann wirkt auf den ersten Blick etwas seltsam und unheimlich. Besonders auffällig sind die dunklen Augen, die lange Nase und die O-Beine.

Seite 45

4 b) *So könnte deine Lösung aussehen:*
Gesichtsform: oval
Haare: kurz, lockig, dunkelhaarig
Augen: groß, dunkel
Nase: lang, schmal
Mund: schmal
Ohren: abstehend

Kinn: spitz, vorstehend
Figur/Körper: dünn, schlaksig
Arme/Hände: lang, große Hände
Beine/Füße: lang, o-beinig, große Füße
Kleidung: sauber, gepflegt, ordentlich
Besondere Kennzeichen: humpelnder Gang

Seite 46

1 *Passende Antwort:*
Ich muss möglichst sachlich und genau schreiben, damit die Person auf Grund meiner Beschreibung wiedergefunden werden kann.

2 *So könnte deine Lösung aussehen:*
A: Einleitung A ist nicht geeignet, weil unwichtige Informationen enthalten sind.
C: Einleitung C ist nicht geeignet, weil sie nicht sachlich geschrieben ist und unwichtige Details enthält.

3 *So könnte deine Lösung aussehen:*
Der Verdächtige treibt sich meist gegen 7:40 Uhr vor den Computerräumen herum. Auf den ersten Blick macht er einen merkwürdigen Eindruck, weil er sehr ordentlich angezogen ist, aber seine Frisur eher wirr aussieht. Außerdem fällt auf, dass er uns Schüler freundlich begrüßt und sich für den Raum-Belegungsplan interessiert.

Seite 47

4 Die Frau ist etwa 25 Jahre alt. Sie macht einen sympathischen Eindruck. Sie hat blonde lockige Haare, die sie als Zopf trägt. Besonders auffällig sind ihre hellblauen Augen und die kleine Nase. Obwohl die Frau recht klein ist, wirkt sie athletisch. Die Kleidung der Frau sieht gepflegt aus: Sie trägt ein rotes Kostüm und eine weiße Bluse. Als besonderes Kennzeichen fallen ihre Sommersprossen auf.

5 *So könnte deine Lösung aussehen:*
Der Mann ist groß und sehr dünn. Seine Kleidung wirkt ordentlich und gepflegt, doch seine lockigen, dunklen Haare sehen meist unordentlich aus. Als erstes fallen seine großen, dunklen Augen, seine lange Nase, sein schmaler Mund und seine abstehenden Ohren auf. Seine Arme und Beine wirken außergewöhnlich lang. Besonders auffällig ist auch sein humpelnder Gang.

6 *So könnte deine Lösung aussehen:*
Am ehesten zu erkennen ist der Mann an seiner Figur, den dunklen Augen und dem humpelnden Gang.

Seite 48

1 Adressat: Brieffreundin/Brieffreund
Thema: eine Freundin / einen Freund charakterisieren
Vorwissen des Adressaten: kein Vorwissen
Ziel: die Freundin / den Freund vorzustellen
Schreibform: Brief

2 b) *So könnte deine Lösung aussehen:*
1. Name/Alter
2. Aussehen
3. Lebensumstände
4. Hobbys
5. Charakter
6. typische Verhaltensweisen

Seite 49

1 *So könnte deine Lösung aussehen:*
Liebe(r) ...,
sicher bist du neugierig, wer die Freundin ist, die ich zu dir mitbringe. Ich werde also versuchen, dir Aylin etwas genauer zu beschreiben...

2 *So könnte deine Lösung aussehen:*
Aylin kann man als sehr humorvoll bezeichnen. Sie macht gern viele Witze. Manchmal findet sie die nur selbst lustig, aber sogar dann macht es Spaß, ihr beim Lachen zuzuschauen.
Sie ist sehr kontaktfreudig. Wenn ich zu schüchtern bin, Leute anzusprechen, kann ich immer Aylin schicken. Schon oft habe ich durch ihre Kontaktfreudigkeit neue Freunde gewonnen. Sie hat mir auch vorgeschlagen, dir zu schreiben.
Sie mag alles, was mit Musik zu tun hat. Man kennt Aylin gar nicht ohne. Wenn sie mal nicht ihren MP3-Player dabei hat, hört sie Radio oder singt vor sich hin.

Seite 50

3 *So könnte deine Lösung aussehen:*
Mein Freund heißt Anton und ist – wie wir – 14 Jahre alt. Er ist ziemlich groß und schlaksig und wirkt sehr cool.

Am liebsten macht Anton Sport. Er muss ständig in Bewegung sein und sei es nur, dass er im Unterricht mit dem Stuhl kippelt. Wenn er sich nicht bewegen kann, bekommt er schnell schlechte Laune.
Außerdem liebt Anton Musik. Entweder er spielt E-Gitarre in seiner Band, hat seine Kopfhörer auf oder pfeift und trommelt vor sich hin. Neulich hat er sogar ein Exlusivkonzert für unsere Klasse gegeben, in dem er alle möglichen Klassiker gesungen und sich selbst auf der E-Gitarre begleitet hat.
Besonders toll finde ich aber, dass Anton ein super Kumpel ist. Er hält auch zu einem, wenn es einem mal nicht so gut geht oder verteidigt einen gegen andere. Als ich letztes Schuljahr in unserer Klasse etwas gemobbt wurde, war er immer auf meiner Seite und hat mich immer wieder aufgebaut.

4 *So könnte deine Lösung aussehen:*
Ich bin mir sicher, dass du Anton auch mögen wirst. Wie du siehst, ist Anton ein super Freund.
Viele Grüße
dein Simon

Seite 51

1 Thema: Beschreibung einer literarischen Figur
Adressat: Lehrer/in
Ziel: Besonderheiten, Charakter und Motive der Figur verdeutlichen

Seite 53

1 *Das könntest du markiert haben:*
ziemlich sonderbar – Einzelgänger – Sonderschüler – bisschen seltsam – starrte die ganze Zeit auf seinen Tisch und hatte im Biobuch das falsche Kapitel aufgeschlagen – mächtig verlottert – Jeans waren wirklich in einem miserablen Zustand – Eine Tasche hing lose herunter und direkt unterm Po hatte er einen Riesenriss – Das machte ihm anscheinend nichts aus – wirklich anders – schräg – schaute sofort wieder auf den Tisch – schüchtern – starrte fast die ganze Stunde lang auf seinen Tisch – wirkte irgendwie verloren – einsam und verlassen – dünn und drahtig – kein muskulöser Typ – nicht so groß – rotblonden Haaren – sehr interessant – ausdrucksvoll – Schüchternheit –

verlorenen Ausdruck – schaute auf seine Hände hinunter – stotterte ganz leicht – schaute er mich ganz offen und direkt an – Augen waren graublau und sehr lebhaft – überhaupt nicht blöde – hatte trotz allem etwas, das mich anzog – irgendwie komisch – er selber – schüchtern – verletzt

Seite 54

2 *So könnte deine Lösung aussehen:*
➐ s. Tabelle unten

1 a) A: In dem Jugendbuch „Adam und Lisa" von Myron Levoy geht es um zwei Schüler namens Lisa und Adam, die beide im gleichen Biologie-Kurs sitzen.

B: Das Jugendbuch „Adam und Lisa" von Myron Levoy handelt von zwei Schülern. Es ist aus der Ich-Perspektive von Lisa geschrieben, die den neuen Schüler Adam im Biologie-Kurs als Sitznachbarn zugeteilt bekommt.

Seite 56

3 *So könnte deine Lösung aussehen:*
1. Adam ist anders als die anderen, er ist etwas schräg (vgl. Z. 43).

2. Adam scheint bei seinen Mitschülerinnen und Mitschülern nicht sehr beliebt zu sein. Das sieht man daran, dass alle in der Klasse laut „O nein!" rufen (vgl. Z. 1 f.), als Daniel den Platz neben Lisa bekommt. Zudem rutscht jeder Mitschüler auf seinem Platz ganz nach außen (vgl. Z. 46); wenn sich Adam neben ihn setzt.

Aussehen 2	Charakter und Verhalten 3	Sonstiges 1
❍ mächtig verlottert (Z. 38) 1	❍ ziemlich sonderbar (Z. 6) 1	❍ ~~Einzelgänger (Z. 7)~~
❍ Jeans waren in einem miserablen Zustand. Eine Tasche hing lose herunter und direkt unterm Po hatte er einen Riesenriss. (Z. 41 f.) 9	❍ Einzelgänger (Z. 7) 2	❍ Sonderschüler (Z. 7) 2
	❍ ~~bisschen seltsam (Z. 36)~~	❍ einsam und verlassen (Z. 60) 4
	❍ starrte die ganze Zeit auf seinen Tisch und hatte im Biobuch das falsche Kapitel aufgeschlagen(Z. 36 ff.) 5	❍ hat Schwierigkeiten, Beziehungen ... aufzunehmen (Z. 62 f.) 1
❍ dünn und drahtig, kein muskulöser Typ (Z. 65) 4	❍ Das machte ihm anscheinend nichts aus (Z. 42) 6	❍ nicht alle Tassen im Schrank (Z. 63) 3
❍ nicht so groß, rotblonde Haare (Z. 67 f.) 5	❍ ~~wirklich anders (Z. 43)~~	❍ verlorenen Ausdruck (Z. 69) 5
❍ sehr interessant, ausdrucksvoll (Z. 68) 6	❍ ~~schräg (Z. 43)~~	
❍ eine Stupsnase (Z. 68) 8	❍ ~~schaute sofort wieder auf den Tisch (Z. 48 f.)~~	
❍ Augen waren graublau und sehr lebhaft (Z. 76 f.) 7	❍ ~~schüchtern (Z. 50)~~	
❍ überhaupt nicht blöde (Z. 77) 10	❍ ~~starrte fast die ganze Stunde lang auf seinen Tisch (Z. 59)~~	
❍ hatte trotzdem alles, was mich anzog (Z. 78) 3	❍ wirkte irgendwie verloren (Z. 60) 4	
❍ irgendwie komisch (Z. 78 f.) 2	❍ Schaute auf seine Hände hinunter (Z. 73) 7	
	❍ stotterte ganz leicht (Z. 74) 8	
	❍ Schaute er mich ganz offen und direkt an ... (Z. 75 f.) 9	
	❍ schüchtern, verletzt (Z. 85) 3	

Tabelle zu Seite 54, Aufgaben 2 a) und b)

3. Adam hat offensichtlich kein Interesse am Unterricht, denn er hat in seinem Buch nicht das richtige Kapitel aufgeschlagen und starrt die ganze Zeit auf seinen Tisch (Z. 36 f.).

4. Im Text wird Adam als jemand dargestellt, der sich nichts aus Äußerlichkeiten macht. In Z. 41 f. heißt es z. B.: „Adams Jeans waren wirklich in einem miserablen Zustand. Eine Tasche hing lose herunter und direkt unter seinem Po hatte er einen Riesenriss. Das machte ihm anscheinend nichts aus."

4 *So könnte deine Lösung aussehen:*
Adam scheint anders als die anderen und ziemlich sonderbar zu sein. Er ist ein Einzelgänger (vgl. Z. 7) und sehr schüchtern, was man daran erkennt, dass er fast die ganze Biostunde auf seinen Tisch starrt (vgl. Z. 59), bei einem Lächeln sofort wieder wegschaut (vgl. Z. 48 f.) und leicht stottert (vgl. Z. 74). Lisa vermutet, dass er wegen dieser Schüchternheit womöglich Probleme hat, Beziehungen mit anderen Leuten einzugehen (vgl. Z. 62 f.) und deshalb in der Förderklasse für Sonderschüler ist (vgl. Z. 7). Vermutlich weil er etwas „schräg" ist (vgl. Z. 43), ist er auch nicht besonders beliebt bei seinen Mitschülerinnen und Mitschülern. Das erkennt man an der negativen Reaktion der Klasse, als Adam den Platz neben Lisa bekommt (Z. 1 f.), und daran, dass jeder Mitschüler ganz nach außen rutscht, wenn Adam in der Nähe sitzt (vgl. Z. 46).
Äußerlich wirkt Adam schlampig und verlottert (vgl. Z. 38). Seine „Jeans war in einem miserablen Zustand. Eine Tasche hing lose herunter und direkt unterm Po hatte er einen Rieseriss" (vgl. Z. 41 f.). Er ist schlank und drahtig (vgl. Z. 65), nicht besonders groß, hat rotblonde Haare, eine Stupsnase (Z. 67) und graublaue, sehr lebhafte Augen, die auf Lisa „überhaupt nicht blöde" (vgl. Z. 77) wirken. Obwohl er „irgendwie komisch" (vgl. Z. 78 f.) ist, findet ihn Lisa doch sehr anziehend (vgl. Z. 78). Am Unterricht hat Adam offensichtlich kein Interesse. Er starrt die ganze Stunde auf seinen Tisch und hat in seinem Biobuch nicht das richtige Kapitel aufgeschlagen (vgl. Z. 36 f.). Dies ändert er auch nach Lisas Hinweis (vgl. Z. 73) nicht.

5 *So könnte deine Lösung aussehen:*
Lisa findet Adam trotz seines verlotterten Aussehens und seines seltsamen Verhaltens „überhaupt nicht blöde" (vgl. Z. 76), sondern eher sehr interessant (vgl. Z. 68). Für sie hat er alles, was sie anzieht (vgl. Z. 78). Ihr gefällt Adam vor allem deshalb, weil er anders ist als die anderen, sich nicht wie die anderen Jungs cool und toll vorkommt (vgl. Z. 80 ff.), sondern schüchtern und verletzlich wirkt. (vgl. Z. 85).

Seite 59

1 (unten)
Das könntest du markiert haben:
Studie über diese Kinder machen – Reporterin werden – Bildjournalistin – Fotografin – jeden Pfennig [...] für Filme – kümmere ich mich nicht darum, was jemand anhat – ziemlich schlampig angezogen – die Flicken [...] sind immer hübsch sauber und bunt – weil er so war, versuchte ich ihn irgendwie zu mögen – selber ziemlich schräg – nach außen gerutscht, nur ich nicht – Lisa-Daniels-Lächeln, das sogar bellende Hunde zum Schweigen bringt – eher unauffällig – könnte ziemlich attraktiv aussehen – Haare [...] struppig – Augen [...] eng zusammen – Zeit besser aufs Fotografieren verwenden – Leute immer unter dem Blickwinkel zu betrachten, wie man sie fotografieren könnte – gefiel mir Adam, weil er nicht so war

Das könntest du notiert haben:
↗ s. Tabelle Seite 16

So könnte deine Lösung aussehen:
Beschreibung von Lisa Daniels aus „Adam und Lisa" von Myron Levoy

Das Jugendbuch „Adam und Lisa" von Myron Levoy handelt von den zwei Schülern Adam und Lisa, die im Biologieunterricht nebeneinander sitzen. Das Buch ist aus der Ich-Perspektive von Lisa geschrieben.

Ebenso wie Adam, beschreibt sich Lisa auch als etwas „schräg" (vgl. Z. 45). Sie hat struppige Haare und eng zusammen liegende Augen (vgl. Z. 54 f.) und ist insgesamt eher unauffällig, auch wenn ihre Freundin meint, sie könne mehr aus sich machen (vgl. Z. 51 ff.). Besonders auffällig ist jedoch ihr so genanntes „Lisa-Daniels-

Aussehen 1	Charakter/Verhalten 2	Sonstiges 3
○ ziemlich schlampig angezogen (Z. 39 f.) 2 ○ Flicken sind immer hübsch sauber und bunt (Z. 40) 3 ○ eher unauffällig (Z. 51) 1 ○ könnte ziemlich attraktiv aussehen (Z. 51) 4 ○ Haare struppig, Augen eng zusammen (Z. 54 f.) 5	○ selber ziemlich schräg (Z. 45) 1 ○ gibt jeden Pfennig für Filme aus (Z. 16 f.) 4 ○ Fotonarr (Z. 18) 5 ○ kümmert sich nicht darum, was jemand anhat (Z. 38 f.) 7 ○ rutscht nicht von Adam weg (Z. 46 f.) 8 ○ will Zeit besser aufs Fotografieren verwenden (Z. 57 f.) 3 ○ schlechte Angewohnheit, Leute immer unter dem Blickwinkel zu betrachten, wie man sie fotografieren könnte (Z. 64 f.) 6 ○ Lisa-Daniels-Lächeln, das sogar bellende Hunde zum Schweigen bringt (Z. 47 f.) 2 ○ Adam gefällt ihr, weil er nicht so ist wie die anderen (Z. 84 f.) 9	○ will später vielleicht Studie über diese Kinder (Sonderschüler) machen (Z. 12 f.) 1 ○ will Reporterin/Fotografin/Bildjournalistin werden (Z. 13 ff.) 2

Tabelle zu Seite 59, Aufgabe 1 (unten)

Lächeln, das sogar bellende Hunde zum Schweigen bringt." (vgl. Z. 47 f.)
Lisa macht sich nichts aus Äußerlichkeiten. Das erkennt man daran, dass sie meistens etwas schlampig angezogen ist und z. B. Flicken auf der Hose hat, die allerdings – anders als bei Adam – immer hübsch sauber und bunt sind (vgl. Z. 40). Viel lieber verwendet sie ihre Zeit auf das Fotografieren (vgl. Z. 57 f.). Das wird auch in Äußerungen deutlich wie: „Ich gebe jeden Pfennig, den ich habe, für Filme, Entwickler, Fixiermittel und Fotopapier aus." (vgl. Z. 16 f.) Sie betrachtet jeden unter dem Blickwinkel, wie man ihn fotografieren könnte (vgl. Z. 64 f.).
Anders als ihre Mitschülerinnen und Mitschüler verachtet sie Adam nicht (vgl. Z. 1 ff. und Z. 12). Sie rutscht auch nicht, wie alle anderen, auf ihrem Stuhl ganz nach außen, wenn Adam in der Nähe ist (vgl. Z. 46 f.).

Das etwas Andere, das Seltsame und das Schüchterne an Adam gefallen ihr (vgl. Z. 84 f.). Vor allem gefällt ihr aber, dass er anders ist als die anderen Jungs (vgl. Z. 84). Später möchte Lisa Bildjournalistin werden und dann vielleicht eine Studie über Sonderschüler wie Adam machen (vgl. Z. 12 ff.).

Lisa ist ein außergewöhnliches Mädchen. Äußerlichkeiten und die Meinung der anderen sind ihr egal. Trotz Adams Seltsamkeit interessiert sie sich weiter für ihn und fühlt sich sogar von ihm angezogen.

Seite 61

2 Adressaten: Schüler/innen (und Lehrer/innen) der Schule
Ziel: besprochene Themen der Schülervertretersitzung dokumentieren, Beschlüsse festhalten

3 Überschrift: Bezeichnung der Veranstaltung mit Datum

Protokollkopf: Ort der Besprechung; Zeitraum der Besprechung; Teilnehmer/innen; nicht anwesende Personen; Name der Diskussionsleiterin / des Diskussionsleiters; Name der Protokollantin / des Protokollanten; Auflistung der Tagesordnungspunkte

Hauptteil: genauere Informationen zu den einzelnen Tagesordnungspunkten

Schluss: Ort und Datum der Abfassung des Protokolls; Unterschrift

4 Es handelt sich um ein Ergebnisprotokoll.

Seite 62

5 Das Protokoll wurde im Präsens geschrieben.

6 *Folgende Aussagen müssen angekreuzt werden:*
- berichtend
- genau/sachlich
- Der Protokollant gibt das Besprochene ohne eigene Ergänzungen und Kommentare wieder.

Seite 64

2 (oben)

Adressaten: Schüler/innen; Lehrer/innen; Eltern

Ziele: Festhalten der besprochenen Punkte und Beschlüsse

Thema: Klassenfahrt

Vorwissen der Adressaten: waren z. T. anwesend, z. T. nicht; kennen die Schüler/innen z. T. und z. T. nicht

1 *Das könntest du durchgestrichen haben.*
- Zeile 3: Sarah: super zum Shoppen!, Yippie!!!
- Zeile 4: Sophia: Bruder macht Lehre in Berlin, coole Clubs!
- Zeile 5: Quentin: jeden Tag ins Museum???
- Zeile 7: (... Antonio kann doch?)
- Zeile 8: Andela: Flugangst!!!
- Zeile 11: Clara: ihr Traum, schon mal gesegelt mit Eltern, nächsten Sommer Kreuzfahrt!
- Zeile 12: ... und kotzen!!! (Typisch Lukas!)
- Zeile 13: (Finde ich auch!)

2 (unten) *So könnte deine Lösung aussehen:*

Klassenfahrt

TOP 1: Reiseziel:
(2) Vorschlag Frau Kühne: Berlin
(6) Idee Antonio: Barcelona
(7) Anmerkung Selina und Carl, dass vermutlich keiner der Schüler/innen Spanisch spricht
(9) Ranya betont Vorzüge Barcelonas: Stadt und Meer, Wetter meistens gut
(10) Vorschlag Murat: eine Woche segeln auf der Ostsee
(14) Abstimmung über verschiedene Vorschläge mit dem Ergebnis: 7 Schüler/innen für Berlin, 3 für Barcelona und 10 für Segelfahrt

TOP 2: Organisation:
(15, 16) Max, Clara und Lina suchen nach Angeboten im Internet und stellen Ergebnisse am Mittwoch 3. Stunde vor
(17) Ranya und Sarah rufen den Reiseanbieter an, holen Informationen zu Terminen und Preisen ein

TOP 3: Finanzierung:
(20) Vorschlag Max: jeden Monat sparen und Geld in Klassenkasse sammeln
(21) Idee Konstantin: Kuchen auf Adventsbasar verkaufen
(22) Marie: Versteigerung bei Weihnachtsfeier mit Eltern
(23) weitere Besprechung am Mittwoch

3 Protokollkopf:

Überschrift: Besprechung der Klassenfahrt, 23. 09. 20..

Ort: Klassenzimmer 8b, Schiller-Schule

Zeit: 8:00–8:45 Uhr

Anwesend: Fr. Kühne (Klassenlehrerin), Selina, Deniz, Sophia, Marie, Ranya, Lina, Andela, Sarah, Clara, Antonio, Emilia, Bela, Murat, Quentin, Konstantin, Lukas, Max, Kevin, Carl;

Entschuldigt: Tom (krank), Benjamin (Schülervertretersitzung)

Leitung: Frau Kühne

Protokollantin: Merle Richter

Seite 65

1 (oben)

A: (15); **B:** (7) und (8); **C:** (20); **D:** (18); **E:** (3) und (4); **F:** (9); **G:** (12)

2 (oben) *So könnte deine Lösung aussehen:*

(Protokollkopf s. ↗ Seite 17, Lösung zu Aufgabe 3)

zu TOP 1: Reiseziel:

Frau Kühne schlägt Berlin als Klassenfahrt-Ziel vor. Als Gegenvorschlag bringt Antonio Barcelona als mögliches Ziel ein. Dies findet bei einigen Schülerinnen und Schülern Zustimmung, weil das Wetter meist gut ist und Barcelona sowohl Stadt als auch Meer bietet. Selina und Carl merken jedoch an, dass vermutlich keiner der Schüler/innen Spanisch spreche. Murat hat die Idee, einen einwöchigen Segelturn auf der Ostsee zu unternehmen. Bei der anschließenden Abstimmung liegt der Segelturn mit 10 Stimmen vorne, gefolgt von Berlin mit 7 Stimmen und Barcelona mit 3 Stimmen.

zu TOP 2: Organisation:

Max, Clara und Lina erklären sich dazu bereit, nach Angeboten im Internet zu suchen und die Ergebnisse am Mittwoch in der 3. Stunde vorzustellen. Ranya und Sarah werden den Reiseanbieter anrufen und Informationen zu Terminen und Preisen einholen.

zu TOP 3: Finanzierung:

Für die Finanzierung der Klassenfahrt werden verschiedene Vorschläge gemacht. So hat Max die Idee, jeden Monat etwas zu sparen und dieses Geld in der Klassenkasse zu sammeln. Konstantin schlägt vor, Kuchen auf dem Basar zu verkaufen und Marie spricht sich für eine Versteigerung bei einer Weihnachtsfeier mit den Eltern aus. Frau Kühne kündigt zur Klärung eine weitere Besprechung für Mittwoch an.

Schiller-Schule, 23.09.20..   *Merle Richter*

1 (unten)

A: unwichtige Information, unsachliche Formulierung, falsche Zeitform, direkte Rede
B: unsachliche Formulierung, falsche Zeitform
C: unwichtige Information, unsachliche Formulierung, falsche Zeitform

Seite 68

2 a) *Das könntest du durchgestrichen haben:*

- ⊘ Bela: langweilig; Lukas: nicht schon wieder!!! (Genau!!!)
- ⊘ COOL!!!
- ⊘ Selina: Genau!
- ⊘ Bela: hat Elchgeweih!
- ⊘ Lukas: hat blinkende Weihnachtsmannmütze
- ⊘ Ranya: übernimmt Make-up!

Seite 69

3 *Folgende Informationen fehlen:*

- ⊘ Name (und Klasse) des Protokollanten
- ⊘ Datum und Zeitraum der Besprechung
- ⊘ nicht anwesende Schüler/innen

4 *So könnte deine Lösung aussehen:*

(1) Frau Kühne fragt nach Ideen, wie die Schüler/innen Geld für die Klassenfahrt verdienen könnten.
(2) Konstantin schlägt vor, Kuchen auf dem Adventsbasar zu verkaufen.
(3) Maria fragt, ob man etwas verkaufen oder versteigern könne.
(4) Sophia äußert die Idee, eine „verrückte Modenschau" zu veranstalten.

5 und 6 *So könnte deine Lösung aussehen:*

Besprechung: Finanzierung der Klassenfahrt vom 25.10.20..

Ort: Klassenzimmer der Klasse 8b
Zeit: 10:00–10:45 Uhr
Anwesend: Frau Kühne (Klassenlehrerin), Selina, Deniz, Sophia, Marie, Ranya, Lina, Sarah, Clara, Antonio, Emilia, Bela, Murat, Quentin, Konstantin, Lukas, Max, Kevin, Carl, Benjamin
Nicht anwesend: Andela, Tom (krank)
Leitung: Frau Kühne
Protokoll: Max Ruf

Tagesordnung:
TOP 1: Vorschläge zur Finanzierung der Klassenfahrt
TOP 2: Abstimmungsergebnis

zu TOP 1: Frau Kühne sammelt Vorschläge zur Finanzierung der Klassenfahrt. Konstantins Vorschlag ist, Kuchen auf dem Adventsbasar zu verkaufen. Maria schlägt vor, bei einer Weihnachtsfeier mit den Eltern etwas zu verkaufen oder zu versteigern. Dies könnten z. B. alte CDs, altes Spielzeug oder ausrangierte Kleidungsstücke sein. Sophias Idee ist, eine Modenschau mit alter Kleidung zu veranstalten und diese anschließend zu versteigern.

zu TOP 3: Frau Kühne lässt die Klasse zwischen den drei genannten Vorschlägen abstimmen. Die Mehrheit mit 11 Schüler/innen, stimmt für die Modenschau. 5 Schüler/innen stimmen für den Verkauf alter Gegenstände und 3 für den Kuchenverkauf.

Schiller-Schule, 25.10. 20..   *Max Ruf*

Seite 70

1 Adressaten: Schüler/innen; evtl. Eltern und Lehrer/innen
Thema: (Vor- und Nachteile von) Fastfood
Ziel: kritisches Bewusstsein gegenüber Fastfood entwickeln
Schreibform: Argumentieren
Vorwissen der Adressaten: evtl. eigene Erfahrungen mit dem Konsum von Fastfood

2 *Diese Begriffe könnten in deinem Cluster stehen:*
umweltschädigend, viel Müll, ungesund, macht dick, macht nicht satt, lecker, praktisch, schnell, meist günstig, Hamburger, Pommes Frites, Cola

Seite 71

3 *So könnte deine Lösung aussehen:*
Ich bin gegen den zu häufigen Konsum von Fastfood, aber solange man sich sonst abwechslungsreich ernährt, habe ich nicht grundsätzlich etwas gegen Fastfood.

4 *So könnte deine Lösung aussehen:*
pro: lecker, meist günstig, praktisch, schnell
kontra: ungesund, macht dick, macht nicht satt, umweltschädigend, viel Müll

5 *So könnte deine Lösung aussehen:*
Fastfood macht dick, (These)
weil es meist sehr fett- und kalorienhaltig ist. (Argument)
So wird für den besseren Geschmack z. B. oft Majonäse oder zuckerhaltiger Ketchup verwendet. (Beispiel)

Seite 72

6 individuelle Lösung

Seite 73

8 *So könnte deine Lösung aussehen:*
Katharina vertritt die Meinung, dass Fastfood ungesund ist, weil es kaum Nährstoffe und viele Kalorien enthält und somit zu Übergewicht und eingeschränkter Fitness führen kann.

Alex ist der Auffassung, dass Fastfood lecker schmeckt und praktisch ist, und er durch sportliche Betätigung die überschüssigen Kalorien wieder abbaut.

9 a) *Diese Argumente könntest du unterstrichen haben:*
Katharina:
- zwei Millionen Mädchen und Jungen sind zu dick (Z. 3 f.)
- Fastfood enthält kaum Nährstoffe (Z. 7)
- in Ketchup steckt jede Menge Zucker (Z. 7 f.)
- Brot kann ich immer anders belegen, das ist (…) gesund und meistens sogar viel billiger (Z. 13 f.)
- fehlen dir nämlich Nährstoffe (Z. 19)
- produzierst du jede Menge Müll (Z. 20)

Alex:
- lecker (Z. 2)
- Ich bin jedenfalls nicht zu dick. (Z. 5)
- Ich mache viel Sport, da verbrauche ich die Kalorien doch locker wieder. (Z. 9)
- Pausenbrot total öde (10)
- Viel Zeit zum Essen haben wir ja auch nicht. (Z. 10)
- ein Imbiss an der Ecke doch super praktisch (Z. 11)
- Ich esse gerne Fastfood und bin kerngesund und sportlich. (Z. 15 f.)
- dafür muss ich nicht abwaschen (Z. 21)

b) und c) *So könnte deine Lösung aussehen:*

Argumente	überzeugend	gut	akzeptabel	schlecht
fast zwei Millionen Mädchen und Jungen sind zu dick (Z. 3 f.)	X			
Fastfood enthält kaum Nährstoffe (Z. 7)	X			
Brote kann man immer anders belegen, sie sind gesünder und meistens viel billiger (Z. 13 f.)	X			
du produzierst jede Menge Müll (Z. 21)	X			
lecker (Z. 2)			X	
viel Zeit zum Essen haben wir ja auch nicht (Z. 10)			X	
ein Imbiss an der Ecke doch super praktisch (Z. 11)		X		
dafür muss ich nicht abwaschen (Z. 21)				X

10 *So könnte deine Lösung aussehen:*

Katharina:
- ❍ zwei Millionen Mädchen und Jungen sind zu dick (Z. 3 f., ➞ Zeitung)
- ❍ Fastfood enthält kaum Nährstoffe, sondern fast nur Kalorien (Z. 7, ➞ Zeitung)
- ❍ man kann verschiedene Dinge mitbringen, zum Beispiel Obst oder Joghurt! Und ein Brot kann ich auch immer anders belegen (Z. 11)

Alex:
- ❍ Ich bin jedenfalls nicht zu dick. (Z. 5)
- ❍ Ich esse gerne Fastfood und bin kerngesund und sportlich. (Z. 15 f.)
- ❍ Ich mache viel Sport, da verbrauche ich die Kalorien doch locker wieder. (Z. 9)
- ❍ Viel Zeit zum Essen haben wir ja auch nicht. Da ist so ein Imbiss an der Ecke doch super praktisch. (Z. 10 f.)

Seite 74

11 *So könnte deine Lösung aussehen:*
1. Fastfood ist meist eintönig.
2. Fastfood enthält viel Fett und wenig Vitamine.
3. Fastfood sättigt nicht richtig und führt dazu, immer mehr zu essen.
4. Die häufigsten Folgen sind Übergewicht und die daraus entstehenden Folgeerkrankungen.

12 *So könnte deine Lösung aussehen:*
1. Man muss nicht selbst kochen.
2. Man muss nicht lange aufs Essen warten.
3. Fastfood kann man schnell zwischendurch im Stehen essen.

Seite 75

1 b) *So könnte deine Lösung aussehen:*
kontra Fastfood:
In jeder Mittagspause kann man es wieder beobachten: Die einen stopfen hastig Hamburger und eine Portion Pommes in sich hinein, wirken hektisch und gestresst und holen sich nach dem Essen noch schnell eine Cola. Die anderen nehmen sich mehr Zeit für das Mittagessen, sitzen meist mit Freunden zusammen, genießen ein vollwertiges Gericht und oft noch Obst oder einen Salat dazu. – Die tägliche Nahrungsaufnahme scheint uns zu spalten. Doch wer hat

schließlich Recht, die Fastfood- oder die Vollwert-Verfechter?

pro Fastfood:

In unserer Schule gibt es zwei Fraktionen: Diejenigen, die ihr selbst mitgebrachtes Brötchen auf dem Schulhof verzehren und diejenigen, die man fast in jeder Mittagspause zum Imbiss gegenüber strömen sieht. Ich gebe zu, ich gehöre zur zweiten Fraktion, zu denjenigen, denen nachgesagt wird, dass ihnen ihre Gesundheit und die Umwelt egal sind. Aber ist es nicht auch manchmal wichtig, praktisch zu denken?

2 *So könnte deine Lösung aussehen:*

kontra Fastfood:

Jeder weiß, dass Fastfood ungesund ist, weil es dick macht und damit zu zahlreichen Folgeerkrankungen führt. Beispiele hierfür sind Gelenk- und Rückenprobleme, vor allem aber lebensgefährliche Herzkrankheiten und Bluthochdruck.

pro Fastfood:

Aus meiner Sicht ist Fastfood vor allem praktisch, besonders wenn man bedenkt, wie kurz unsere Mittagspause oft ist. So bleibt uns z. B. dienstags zwischen der 6. und der 7. Stunde nur eine halbe Stunde Zeit zum Essen. Und während man in der Schulkantine meist 25 Minuten auf sein Essen warten muss, sind die Pommes vom Imbiss gegenüber in der Regel nach fünf Minuten fertig.

3 *So könnte deine Lösung aussehen:*

kontra Fastfood:

Fastfood ist umweltschädigend, weil es in der Regel aufwändig verpackt ist, wodurch bei jeder Mahlzeit eine Menge Müll entsteht. Das fällt z. B. auch im Umkreis unserer Schule auf, wo nicht nur nach jeder Mittagspause die Papierkörbe überquellen, sondern auch diverse Pappschälchen in der Gegend herumliegen.

pro Fastfood:

Fastfood ist meist relativ preisgünstig, u. a. weil in der Regel kein Geschirr oder Besteck zum Essen notwendig ist. So spart man z. B. die Kosten für das Personal, das den Abwasch übernehmen müsste.

Seite 76

4 a)

- ○ wichtigstes Pro-Argument: Fastfood ist praktisch
- ○ wichtigstes Kontra-Argument: Fastfood ist ungesund

b) *So könnte deine Lösung aussehen:*
Zunächst lässt sich feststellen, dass Fastfood im Gegensatz zu vollwertiger Kost kaum Nährstoffe und Vitamine enthält und dadurch wenig gehaltvoll ist, was über einen längeren Zeitraum zu Mangelerscheinungen und einem Leistungsabfall führen kann. Viel wichtiger ist aber, dass durch den hohen Anteil von Fett und Kalorien in relativer kurzer Zeit Übergewicht entstehen kann, was wiederum zu schwerwiegenden Folgeerkrankungen wie z. B. Herz- und Kreislaufkrankheiten führen kann.

5 *So könnte deine Lösung aussehen:*
All diese Argumente zeigen, dass vollwertige Kost letztlich die bessere Wahl ist, da sie schonender für die Umwelt, geschmacklich differenzierter und vor allem gesünder ist als Fastfood. Ich empfehle daher, Fastfood – wenn überhaupt – nur selten und in Maßen zu konsumieren und lieber möglichst natürliche, frisch zubereite Lebensmittel zu verzehren.

6 s. Lösungen zu den vorhergehenden Aufgaben

Seite 79

2 *So könnte deine Lösung aussehen:*

Sollte die Schule erst um 9:00 Uhr beginnen?

Pro:

	These (Meinung/Behauptung)	Argument (Begründung)	Beispiel/Beleg
1.	früher Schulbeginn stimmt nicht mit natürlichem Biorhythmus überein	Schüler/innen vor 9:00 Uhr oft noch nicht 100% leistungsfähig	zahlreiche Studien von Schlafforschern
2.	Unterrichtsbeginn um 9:00 Uhr kommt Schüler/innen mit langem Schulweg zugute	Diese Kinder und Jugendlichen müssten sonst sehr früh, teilweise bereits um 5:00 Uhr aufstehen.	Kinder aus der Klasse, die in umliegenden Dörfern wohnen und 45 Min. zur Schule fahren müssen
3.	Andere Länder haben gute Erfahrungen mit spätem Schulbeginn gemacht.	Schüler/innen schneiden bei internationalen Tests sehr gut ab.	Beispiel Finnland, wo Unterricht um 9:00 Uhr anfängt, gutes Abschneiden in Pisa-Studie

Kontra:

	These (Meinung/Behauptung)	Argument (Begründung)	Beispiel/Beleg
1.	idealen Schulbeginn gibt es nicht	viele Schüler/innen bereits am frühen Morgen aktiv und leistungsfähig	gute Ergebnisse in Klassenarbeiten, die in den ersten beiden Stunden geschrieben werden
2.	früher Schulbeginn kommt vielen Eltern zugute	Für berufstätige Eltern ist früher Schulbeginn der Kinder oft wichtig, um selbst rechtzeitig zu sein.	Die meisten berufstätigen Eltern müssen spätestens um 8:30 Uhr am Arbeitsplatz sein.
3.	Viele Schüler/innen möchten früher Schluss haben.	freier Nachmittag, u. a. für zahlreiche Hobbys	Sportvereine und Musikschulen haben sonst zu wenig Zeit, alle Schüler/innen am späten Nachmittag zu unterrichten.

3 *So könnte deine Lösung aussehen:*

Sollte die Schule erst um 9:00 Uhr beginnen?

Befürworter des späteren Unterrichtsbeginns versprechen sich vor allem eine natürliche Leistungssteigerung und somit bessere Lernerfolge der Schüler/innen. Als Hauptargument zur Unterstützung ihrer These führen sie Studien von Schlafforschern an, die besagen, dass Kinder und vor allem Jugendliche vor 9:00 Uhr noch nicht 100 % aufnahme- und leistungsfähig seien. Aber ist es wirklich sinnvoll, den Unterrichtsbeginn nach hinten zu verschieben?

Aus meiner Sicht kann man nicht generell sagen, dass Kinder und Jugendliche nach 9:00 Uhr leistungsfähiger sind als davor, weil der Biorhythmus einzelner Menschen sehr unterschiedlich sein kann. Das wird z. B. bei vielen Kindern und Jugendlichen deutlich, die bereits in den ersten Unterrichtsstunden sehr aktiv sind und gerade in diesem Zeitraum oft bessere Ergebnisse bei Klassenarbeiten erzielen als später am Tag.

Zudem kommt der bisherige Schulbeginn vielen berufstätigen Eltern zugute, die so in der Regel gemeinsam mit ihren Kindern das Haus verlassen oder diese teilweise noch zur Schule bringen können. Ein späterer Schulbeginn würde dagegen mit den Arbeitszeiten der meisten Eltern aus meiner Klasse kollidieren, die in der Regel spätestens um 8:30 Uhr an ihrem Arbeitsplatz sein müssen.

Vor allem sprechen sich aber auch viele Schülerinnen und Schüler gegen einen späteren Schulbeginn aus, da dieser automatisch auch einen späteren Schulschluss nach sich ziehen würde, denn viele Kinder und Jugendliche haben zahlreiche Hobbys, denen sie nicht mehr nachgehen könnten, wenn die Schule weiter in den Nachmittag hinein gehen würde. Für Sportvereine und Musikschulen wäre es z. B. gar nicht mehr möglich, in einer so kurzen Zeitspanne am Nachmittag alle Schüler/innen zu trainieren bzw. zu unterrichten.

Ich halte es daher für sinnvoll, die bisherigen, lang erprobten Unterrichtszeiten beizubehalten, vor allem angesichts der Tatsache, dass die Schultage so oder so recht lang sind und – wie es scheint – auch immer noch länger werden.

Seite 80

1 *So könnte deine Lösung aussehen:*
Argumente pro Wildtierhaltung in zoologischen Gärten

- bedeutenden Beitrag zur Arterhaltung (Z. 23 f.)
- offizielle Zuchtprogramme, an denen sich die meisten Zoos aktiv beteiligen (Z. 27 ff.)
- wilde Tiere einmal live zu sehen (Z. 31 f.)
- generelles Interesse der Menschen an Tier, Natur und Artenschutz unterstützen (Z. 32 f.)
- Lebensräume wilder Tiere zu erhalten (Z. 36)
- nachgezüchtete Tiere wieder in die freie Wildbahn zu entlassen (Z. 38 f.)

Argumente kontra Wildtierhaltung in zoologischen Gärten

- Tiere in Zoos nicht artgerecht gehalten werden (Z. 5 f.)
- Verhalten an den Tag legen, wie sie es in der freien Wildbahn niemals zeigen würden (Z. 6 ff.)
- hektisches Hin- und Herlaufen von Bären (Z. 9 f.)
- Wippen von Elefanten (Z. 11)
- der illegale Handel mit Zootieren (Z. 17 f.)
- Einfangen von Wildtieren, die teilweise vom Aussterben bedroht sind (Z. 18 ff.)

2 b) *So könnte deine Lösung aussehen:*

kontra Wildtierhaltung in Zoos

	These (Meinung/Behauptung)	Argument (Begründung)	Beispiel/Beleg
1.	Tiere in zoologischen Gärten werden nicht artgerecht gehalten	Zoologische Gärten sind nicht ihr natürlicher Lebensraum. Es steht den Tieren sehr viel weniger Platz zur Verfügung als in der freien Natur.	Verhaltensauffällige/ verhaltensgestörte Tiere: hektisches Hin- und Her-laufen, Wippen
2.	Tiere entwickeln seltsame Verhaltensweisen.	Viele Tiere bekommen in Gefangenschaft keinen Nachwuchs oder töten ihren Nachwuchs direkt nach der Geburt.	Schicksal des Eisbären Knut in Berlin
3.	Zoologische Gärten fördern den illegalen Tierhandel.	Vom Aussterben bedrohte Wildtiere werden eingefangen und Zoos angeboten.	Anzeigen wegen illegalem Tierhandel, Artenschutzabkommen

3 *So könnte deine Lösung aussehen:*

Sind zoologische Gärten Tierquälerei?

Bei jedem Zoobesuch kann man es wieder beobachten: verhaltensgestörte Wildtiere in Käfigen, die ausdruckslos in einer Ecke sitzen oder scheinbar pausenlos hin- und herlaufen. Diese Erfahrung bestätigt mich jedes Mal in meiner Ansicht, dass ich die Haltung von Wild-tieren in zoologischen Gärten strikt ablehne.

Ein wichtiges Argument gegen zoologische Gärten ist, dass sie niemals – auch durch ein noch so weitläufige Gelände – den natürlichen Lebensraum der Tiere ersetzen können, weil den Tieren sehr viel weniger Platz zur Verfügung steht als in der freien Natur. Auch ihren Jagd-trieben und anderen arttypischen Verhaltens-weisen können sie in Zoos nicht nachgehen. Die Folge ist in vielen Fällen auffälliges oder gestör-tes Verhalten, wie z. B. ein hektisches Hin- und Herlaufen von Großkatzen oder Bären oder das Wippen von Elefanten.

Hinzu kommt, dass viele Tiere in Gefangen-schaft entweder gar keinen Nachwuchs bekom-men oder diesen direkt nach der Geburt töten. Das hat z. B. das Schicksal des berühmten Eisbären Knut gezeigt, dessen Bruder von der Mutter bereits direkt nach der Geburt tot gebissen wurde und der, weil er von seiner Mutter ebenfalls nicht angenommen wurde, von einem Pfleger mit der Flasche großgezogen werden musste.

Das wichtigste Argument aus meiner Sicht gegen die Wildtierhaltung in Zoos ist jedoch, dass sie zum illegalen Tierhandel beiträgt, da weltweit vom Aussterben bedrohte Wildtiere eingefangen und u. a. den Zoos zum Kauf angeboten werden. Dass dieser Handel existiert, belegen Anzeigen wegen illegalen Tierhandels und die zahlreichen Artenschutzabkommen, die diesen unterbinden sollen.

Aus den genannten Gründen bin ich gegen die Wildtierhaltung in zoologischen Gärten und plädiere dafür, in erster Linie auf einheimische Tierarten auszuweichen, die in Mitteleuropa ihren natürlichen Lebensraum haben.

Wiederholen und vertiefen

Einen argumentativen Text schreiben

1 Auch folgende Themen eignen sich für die Pro-Kontra-Rubrik einer Schülerzeitung.
Wähle ein Thema aus, zu dem du gern Stellung nehmen möchtest.

- Sollten Schuluniformen verbindlich eingeführt werden?

- Sollte die Schule erst um 9:00 Uhr beginnen?

- Sollten Jungen und Mädchen in manchen Fächern getrennt unterrichtet werden?

- Sollte Werbung an der Schule erlaubt sein?

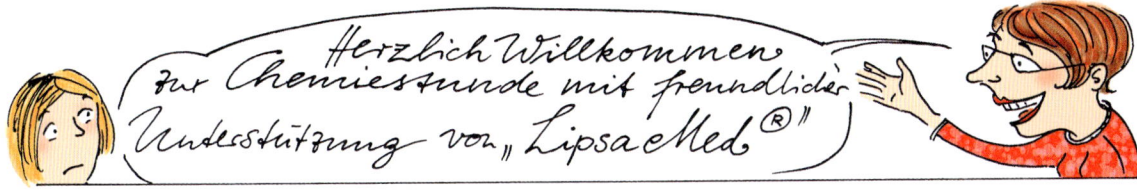

2 a) Übertrage die folgende Tabelle zweimal in dein Heft: einmal für Pro-Argumente und einmal
für Kontra-Argumente.

b) Sammle Stichpunkte für eine Argumentation zu dem von dir ausgewählten Thema.
Welche Argumente sprechen jeweils dafür (pro) und welche dagegen (kontra)?

Stoffsammlung für die Argumentation

	These (Meinung/Behauptung)	**Argument** (Begründung)	**Beispiel/Beleg**
1.	…	…	…
2.	…	…	…
3.	…	…	…

3 a) Entscheide dich, ob du einen Pro- oder einen Kontra-Artikel zu dem von dir ausgewählten
Thema verfassen möchtest.

b) Ordne die Argumente nach ihrer Wichtigkeit: vom weniger wichtigen zum wichtigsten
Argument.

c) Formuliere deine Argumentation aus. Beachte dabei die Punkte im Merkkasten auf ↗ Seite 76.

4 Überprüfe deinen Artikel mit Hilfe der Checkliste auf ↗ Seite 77 f. und überarbeite deinen Text,
falls notwendig.

Einen argumentativen Text schreiben

1 Lies den folgenden Text. Welche Argumente werden für die Haltung von Wildtieren in zoologischen Gärten angeführt und welche dagegen? Unterstreiche mit unterschiedlichen Farben.

Sind zoologische Gärten Tierquälerei?

Die Frage danach, ob Zoos gerechtfertigt sind, oder ob es sich dabei um Tierquälerei handelt, wird immer wieder neu gestellt. Viele Menschen sind der Meinung, dass
5 Tiere in Zoos nicht artgerecht gehalten werden und dass sie darum häufig ein Verhalten an den Tag legen, wie sie es in der freien Wildbahn niemals zeigen würden. Dazu gehören zum Beispiel ein hektisches
10 Hin- und Herlaufen von Bären oder ein Wippen von Elefanten.
Tierschützer fordern immer wieder die Abschaffung von Zoos oder die Reduzierung* auf eine Haltung einheimischer Tierarten,
15 deren Zoo-Lebensraum dann ihrem natürlichen näher wäre. Angeprangert* wird ebenfalls sehr häufig der illegale* Handel mit Zootieren und das Einfangen von Wildtieren, die teilweise vom Aussterben
20 bedroht sind.

Andere Meinungen über den Sinn und Zweck von zoologischen Gärten sind, dass diese Einrichtungen nicht nur einen bedeutenden Beitrag zur Arterhaltung vieler, teils in freier Wildbahn sogar bereits ausgestor- 25
bener Tierarten leisten (hierzu gibt es offizielle Zuchtprogramme, an denen sich die meisten Zoos aktiv beteiligen), sondern dass es vielen Menschen und vor allem Kindern anders als in Zoos gar nicht 30
möglich wäre, wilde Tiere einmal live zu sehen. Zudem würden Zoos ein generelles Interesse der Menschen an Tier, Natur und Artenschutz unterstützen, was auch dabei helfen soll, international tätig zu werden 35
und Lebensräume wilder Tiere zu erhalten. Viele Zoos beteiligen sich sogar aktiv daran, nachgezüchtete Tiere wieder in die freie Wildbahn zu entlassen.

2 a) Bilde dir eine Meinung zu dem Thema: Bist du für oder eher gegen die Wildtierhaltung?

b) Sammle mit Hilfe einer Tabelle (↗ Seite 79) Stichpunkte für eine Argumentation pro (für) oder kontra (gegen) die Wildtierhaltung in Zoos.

c) Sammle weitere Informationen zum Thema „Wildtiere in zoologischen Gärten".

3 a) Schreibe einen Artikel, in dem du klar für (pro) oder gegen (kontra) die Wildtierhaltung in Zoos eintrittst. Beachte dabei die Punkte im Merkkasten auf ↗ Seite 76.

b) Überprüfe deinen Text mit Hilfe der Checkliste auf ↗ Seite 77 f. und überarbeite ihn, falls notwendig.

---

* **Reduzierung:** Verkleinerung   * **anprangern:** kritisieren   * **illegal:** ungesetzlich